Zürch
Lacus Der see

Der gestohlene Staatsschatz
und andere Zürcher Episoden

Walter Baumann

Der gestohlene Staatsschatz

und andere Zürcher Episoden

Verlag
Neue Zürcher Zeitung

Vorsatz:
Aus der Chronik des Johannes Stumpf
Zürich, 1548

ISBN 3 85823 401 X

Inhalt

Biedermeier-Idylle
Holzschnitt, um 1850

Kauft gute Bücher!

Statt eines Vorworts

Kurz nur ist das Menschenleben,
Und die Kunst ist lang allein,
Jedem ist es nicht gegeben,
In der Feder gut zu sein.

Aber Jeder könnte nehmen
Gute Bücher in die Hand,
Dass er nicht sich braucht zu schämen,
Wenn man spricht von allerhand.

Bildung ziert den Freigebornen,
Hebt den Jüngling, ehrt den Mann,
Und von hinten und von vornen
Sieht man Jedem Bildung an.

Darum legt Euch an den Laden,
Aber lest nicht viel bei Licht,
Denn es möcht' den Augen schaden,
Und das möcht' ich selber nicht!

Aus der Biedermeier-Anthologie
des Friedrich Theodor Vischer, 1853

Die französische Freiheit
Aus dem Zürcher Kalender, 1848

Der gestohlene Staatsschatz

Zürich war vor der Reformation eine wohlhabende Stadt, wenige Jahrzehnte später war sie reich. Die Kirchengüter, Zehntenrechte und das Kirchensilber, über Jahrhunderte von Gläubigen für ihr Seelenheil gespendet, waren durch Ratsbeschluss an den Staat gefallen. Von Kelchen, Kreuzen und Kandelabern wurden aus über sechzig Zentnern Silber und einigen hundert Kilo Gold eigene Taler geprägt. Edelmetall besass damals einen viel höheren Kaufwert als heute. Wie gross das Zürcher Staatsvermögen wirklich war, ist schwer zu sagen.

Eine geordnete Buchhaltung, wie sie in den italienischen Renaissance-Städten aufkam, kannte man nördlich der Alpen noch nicht. Jedes der zahlreichen Zürcher Ämter – vom Almosenamt bis zum Zollamt – wirtschaftete auf eigene Rechnung. Auch grössere Aufträge oder Einnahmen schlugen sich oft nur in einem einzigen Endbetrag nieder, eingerechnet Material-, Arbeits-, Fuhrkosten und Gegengeschäfte. Und diese Beträge wurden obendrein in römischen Zahlen eingetragen, Kolonne um Kolonne, Seite um Seite. Genaue Additionen waren bei diesem System fast unmöglich und Rechenfehler unvermeidlich. Hauptsache: Der errechnete Vermögensstand entsprach am Jahresende dem Bargeld in der Lade. Sicher musste da und dort aus der eigenen Tasche nachgeholfen werden.

Das gemeine Volk hatte von der Finanzlage seines Staates keine Ahnung, was der Obrigkeit nur willkommen war. Unkorrektheiten der mit den Ämtern betrauten Ratsherren blieben oft lange verborgen, wurden dann aber umso härter bestraft und sollten möglichst nicht an die Öffentlichkeit kommen. 1548 wurde der Ratsherr Rudolf Kambli «wegen Untreue im Amt heimlich enthauptet». Er soll sich im Almosenamt für die Armen vergriffen haben, um rund 800 Gulden. Wie man in der kleinen Stadt dem Volk das längere Wegbleiben eines der Ratsherren zu erklären suchte, lässt sich heute nicht mehr feststellen.

Das wichtigste Amt war das Säckelamt. Es sammelte die Überschüsse des Zollamtes, des Salzhandels, des Sihlamtes, aus dem Holzverkauf und all die anderen Einkünfte. Der Jahr für Jahr wachsende Schatz an klingender Münze wurde im Zwölfbotengewölbe des Grossmünsters untergebracht, wo einst die Gebeine der Stadtheiligen ruhten und sich bis zur Reformation das Münsterarchiv befand: kostbare Priestergewänder, Kerzenstöcke, Kirchenbücher und alte Pergamente. Das hier nun in Säcken gesammelte Geld diente in Notzeiten dem Kauf von Getreide, in Kriegsjahren als Sold und zur Verpflegung der Heerhaufen. Hüter des Staatsschatzes war der Säckelmeister, in den Jahren 1568–1572 der Waag-Zunftmeister und Ratsherr Heinrich Thomann, ein Mann von schnellen Entscheiden und grossem Mut. In seinem letzten Dienstjahr wurde er in eine verzwickte Sache verstrickt: Von Strassburg kam die Nachricht, dort seien mehrere Geldsäcke mit dem aufgemalten Zürcherschild gegen Wechselscheine der Stadt Antwerpen umgetauscht worden. Das musste einer der üblen Zolltricks eines gerissenen Kaufmanns sein: Staatsgelder hatten Vorrang. Aber man durfte diese merkwürdige Angelegenheit doch nicht mit der linken Hand abtun. Gleich am nächsten Morgen stiegen der Säckelmeister und der Bürgermeister in das dämmerige Gewölbe hinunter, fanden die hinter einer schwer verriegelten Eichentür lagernden Geldsäcke in bester Ordnung und liessen die Sache vorerst auf sich beruhen.

Nach wenigen Tagen schon kam aus Strassburg die Meldung über weitere Säcke, die dort gewechselt worden waren. Wieder begaben sich die beiden Ratsherren in die Gruft. Auf den ersten Blick war alles beim alten geblieben, die prallen Geldsäcke standen in Reih und Glied, ordnungsgemäss verschnürt und versiegelt. Aber dahinter klafften tatsächlich einige Lücken: 30 000 Gulden waren weg. Aus der Stadt verschwunden waren auch der junge Schlosser Heinrich Niessli und sein Freund Heini Waser. Jetzt nur schnell handeln!

Thomann schwang sich aufs Pferd und galoppierte ohne Nachtruhe nach Strassburg. Dort waren die Diebe bereits ausgeflogen, vermutlich in Richtung Antwerpen. Nichts als weiter und immer die Augen und Ohren offen! Da und dort hiess es, zwei junge Männer mit vermutlich Zürcher Dialekt seien vorbeigekommen, hätten wie die Herren getafelt und mit Trinkgeldern nicht gegeizt.

In Antwerpen verkleidete sich Thomann als Landfahrer und entdeckte die beiden tatsächlich in einem grösseren Gasthof. Sie waren eben daran, den Raub zu teilen und sich auf getrennten Wegen davonzumachen. Thomann trat an ihren Tisch, gab sich zu erkennen, befahl die beiden in die Nebenstube und setzte ihnen in ruhigen Worten ihre höchst peinliche Lage auseinander: Räuber würden hierzulande ohne langes Federlesen erhängt und das Diebesgut unwiederbringlich der Staatskasse einverleibt. Nur wenn sie jetzt keine Zicken machten, könnten sie die Köpfe noch aus der Schlinge ziehen.

Die beiden rückten kleinlaut ihre Pfandscheine und das Bargeld heraus, Thomann klopfte ihre Taschen und Jacken nach Verstecktem ab und wies ihnen die Hintertür, durch die sie auf Nimmerwiedersehen verschwanden.

Der Schatzmeister hätte sich allzugerne noch das reiche Antwerpen und das Meer mit den grossen Handelsschiffen angesehen, aber ein längerer Aufenthalt schien ihm nicht ratsam. Froh über seinen gelungenen Streich wandte er sich ungesäumt der Heimat zu.

Zuhause wurde seine Wiederkehr sehnlichst erwartet, obwohl man seiner Diebsfängerei kaum grosse Chancen gab. Strassburg war den Ratsherren wohlbekannt, und auch mit Antwerpen hatte man schon gehandelt, aber was dazwischen lag, war Niemandsland, sicher manche Tagesreise weit. Umso grösser war der Jubel, als der Säckelmeister eines Abends lachend vor dem Rathaus stand, die Satteltaschen löste und sein Pferd festband. Er erzählte, wie er ohne genauere Kenntnisse der Antwerper Rechtsverhältnisse die Räuber in Angst und Schrecken versetzt und um die Beute geprellt hatte. Man lobte sein grosses Geschick, entkorkte ein paar Flaschen, zahlte ihm ein gutes Reisegeld und schenkte ihm obendrein 200 Gulden, die der Bürgermeister vom Wiedergewonnenen gleich in Abzug brachte.

Im Grossmünster wurde das Geld nun in schwere Eisenkisten verschlossen, die kaum aufzubrechen und noch schwerer abzutransportieren waren. Ein Griff in die Staatskasse war nicht mehr möglich!

Und doch, nur sieben Jahre darauf passierte es wieder. Eine genaue Schilderung fehlt, einzig der Chronist Hans Heinrich Bluntschli widmete der Geschichte in seinen «Memorabilia Tigurina» von 1742 ein paar knappe Zeilen: «Anno 1579 wurde der Schatz vom Grossen Münster von einem Burger wiederum aufgebrochen und über 2000 Gulden daraus gestohlen. Der Dieb wurde ergriffen und mit dem Strang hingerichtet. Das Gelt aber bekam die Obrigkeit meistenteils wieder.»

Der grosse Coup gelang erst den Franzosen: Im Juni 1798 liess der General Schauenburg die Kisten mit 822 456 Livres auf Wagen laden und unter starker militärischer Bedeckung abführen. Eigentlich wären es über 1 Million gewesen, aber mangels einer übersichtlichen Buchhaltung merkten die Franzosen nicht, dass der Präsident der Verwaltungskammer bereits 300 000 Pfund in Sicherheit gebracht hatte. Wo er das Geld bis zum Abzug der Franzosen versteckte, ist nicht mehr bekannt.

Heuschrecken und Laubkäfer

Unziffer nannte H. H. Bluntschli 1742 in seinen Zürcher Denkwürdigkeiten die Würmer, Käfer und Insekten, die den Pflanzen an die Wurzel und Blätter und den Bauern an die Ernte gingen. Insbesondere die Heuschreckenschwärme, die schon im Alten Testament als Strafgericht Gottes bezeichnet wurden und im 14. Jahrhundert auch hierzulande grossen Schaden anrichteten, galt es mit allen Mitteln zu bekämpfen. In den Kirchen wurden Messen gegen die Teufelsbrut gelesen. Mehr Zucht und Gottesfurcht wurde verlangt. Doch das wirksamste Mittel soll das Sturmläuten der Kirchenglocken gewesen sein. Bluntschli gibt Beispiele:

«Anno 1338 kam eine grosse Menge von Heuschrecken, die flog so dick, breit und lang, dass sie den Himmel verfinsterten. Sie frassen alle Gewächse ab, thaten grossen Schaden. Man stürmte und läutete die Glocken wider sie. Als sie gestorben, haben sie einen greulichen Gestank hinter sich gelassen, davon vielerlei Krankheiten entstanden.»

«Anno 1354 kamen abermahl in das Land eine Menge Heuschrecken mit gehelmten Köpfen, verderb-

Sonntagsfreude
Holzschnitt, um 1850

ten alles Gras und die Früchte auf dem Felde, darauf grosse Theuerung erfolgte.»

«Anno 1364, den 21. August, kamen so viele Heuschrecken in den Lüften als ein dicker Nebel daher, dass man in Zürich und der Enden die Glocken wider sie geläutet.»

Auch den einheimischen Laub- oder Mayenkäfern suchte man immer wieder beizukommen. Bis in unsere Zeit waren sie die schlimmste Landplage. 1451 erwirkte der Berner Rat beim zuständigen Bischof von Lausanne die Erlaubnis, das Ungeziefer wegsegnen zu lassen. Allerdings müsse zuerst mit Gebet und Prozession Busse getan werden, damit Gott die Reue der Sünder sehe, die er durch die Plage gestraft habe. Auch im päpstlichen Weltbild ging es nicht ohne Logik und Konsequenz! Doch im Sommer 1478 machte sich zwischen Genfer- und Bodensee eine ungewöhnlich grosse Zahl von «Ingern» (Engerlingen) breit. Da befahl der Bischof, die Schädlinge öffentlich aufzufordern, sich am Bartholomäustag (25. August) vor ihm oder einem seiner Vikarien zu verantworten. Offenbar ohne Erfolg. Nun beschloss der Berner Rat, die Plage mit allen Rechtsmitteln abzustellen. Am 21. Mai 1479 zitierte der Stadtschreiber und Rechtsgelehrte Doctor Thüring Fricker die Inger und Käfer mit einer lateinischen und gesiegelten Anklageschrift vor den Richter, wobei er ihnen korrekterweise einen Verteidiger in Aussicht stellte. Nach zweimal drei Wochen machte man dem «schamtlich böss, schädlich gewürm» den Prozess und verbannte es in contumaciam ausser Landes. Mit Todesstrafe bei Insubordination! Aber die Käfer hatten dafür kein Gehör, sie lebten und frassen unbekümmert überall weiter, wie es ihnen der Schöpfer gegeben hatte.

In Zürich wurde 1779 von allen Kanzeln das neue «Policey-Geseze» zum allgemeinen Kampf gegen die Laub- oder Mayen-Käferen verlesen. «Eine der schädlichsten, erschrecklichsten, unzählbare Schar» sei wiederum in vollem Anmarsch, vergleichbar mit «Räubern, die dein ganzes Gut, die Vorräte und die Ernte stehlen und dein Haus niederbrennen wollen.» Jedermann ohne Ausnahme müsse jetzt handeln, «ehe noch das Laubkäferweiblein seine Eyerchen, deren es 50 auf einmal und dies etliche male im Frühling in die Erde legt, aus denen dann ebensoviele Inger und daraus wiederum Käfer werden.» Frühmorgens vor Sonnenaufgang müssten die Käfer von den Bäumen geschüttelt werden, wenn sie noch schläfrig und steif seien. Wer sie nicht beim Beauftragten der Gemeinde ablieferte, musste bezahlen, was manchem hilfreichen Dorfbub zu einem bescheidenen Taschengeld verhalf: 1 Batzen pro Eimer.

Erst durch die zunehmende Verwendung von Pflanzenschutzmitteln und Insektiziden sind die Käfer spürbar dezimiert worden. Im Kölner Tiergarten werden sie sogar in einem Flugkäfig vor dem gänzlichen Aussterben geschützt. Wer weiss aber, dass man einst versuchte, die Krabbelkäfer einer nützlichen Verwendung zuzuführen, als probates Hausmittel oder delikate Frühlingssuppe? In den in Deutschland 1757 erschienenen «Nützlichen Sammlungen», die auch hierzulande Verbreitung fanden, steht neben Modeberichten für moderne Frauenzimmer, Tobackvorschriften für den Hausvater und Anleitungen zur richtigen Pflanzung der noch wenig bekannten Kartoffel auch ein bemerkenswerter Beitrag des medizinischen Ratgebers:

Bewährtes Mittel wider den Biss eines tollen Hundes

«Man nehme eine gewisse Quantität Maikäfer im Frühjahre, thue sie in einen steinernen Topf, giesse darauf siedenden Honig, so heiss als möglich, und setze den Topf an einen kühlen Ort, bis zum Gebrauch. Dem Patienten werden davon, und zwar den ersten Tag 9, den zweiten 8, den dritten Tag 7 Käfer, und so ferner alle Tage bis auf einen Käfer eingegeben.» Die Berechnung, wieviel kandierte Käfer es zu einem solchen

Countdown brauchte, überlassen wir dem geneigten Leser.

Im Nachlass des Zürcher Kleinkünstlers und Kupferstechers Rudolf Dikenmann am Rindermarkt (1792 – 1883) fand sich ein Rezept, das anfangs Juni 1870 in der Mannheimer Gewerbezeitung empfohlen wurde:

Maikäfersuppe

«Aus Anlass der jetzigen Maikäfer-Saison wollen wir, unseren Gourmands zum Nutzen, die Bereitung einer Maikäfersuppe mittheilen, welche im Geschmacke mit der Krebssuppe wetteifern soll. Das Rezept hiezu ist nach der Illustrirten Gartenzeitung folgendes: Man fängt die Käfer, von denen man circa dreissig Stück auf eine Portion rechnen kann, frisch ein, löst ihnen die hornartigen Flügeldecken ab und zerstösst die Käfer, nachdem man sie frühe sorgfältig gewaschen, in einem Mörser. Hierauf röstet man die Masse in heisser Butter und lässt sie in Fleischbrühe aufkochen, dann die Brühe durch ein feines Haarsieb streichen und richtet die Suppe über geröstete Semmelscheiben an. Selbst wenn man nur dünne Bouillon zu dieser Suppe nimmt, so geben ihr die Maikäfer doch eine solche Kraft und einen solchen Wohlgeschmack, dass sie mit Recht der vielberühmten Krebssuppe vorzuziehen ist. Warum man vor den im Grunde gar nicht so unschönen Maikäfern Abscheu empfindet, ist nicht recht erklärlich, wenn man bedenkt, dass man keinen Anstand nimmt, die Krebse zu verspeisen, die doch gewiss kein appetitliches Aussehen haben. Indess hat man ja nicht nöthig, die Gäste mit dem bekannt zu machen, was sie essen und kein Mensch wird einen Zweifel darein setzen, dass er Krebssuppe verspeise, wenn die Köchin noch ein paar Krebse unter die Suppe mischt.»

Ob diese Rezepte auch mit Erfolg angewendet wurden, bleibt allerdings eine offene Frage.

Die Juden- oder Strytgass, heute Froschaugasse
Aus dem Satdtplan des Jos Murer, 1576

Der gute Smaria

Aus Zürichs Judengasse im 14. Jahrhundert

Viel Ärger, Aufregung und Streit muss es im Jahre 1380 an der Zürcher Judengasse gegeben haben. Kein Wunder, dass sie später «Strytgass» genannt wurde, bis ihr dann Zürichs Buchdrucker Froschauer wieder zu bürgerlichem Ansehen und schliesslich zu seinem Namen verhalf. Die zwei oder drei Dutzend Juden, die vor sechshundert Jahren an der Judengasse wohnten, erfreuten sich eines beneidenswerten Wohlstands. Der Rat hatte sie in das Burgerrecht aufgenommen und ihnen das Privileg zuerkannt, gegen Zinsen Geld auszuleihen. Und zwar zum Satz von 43 1/2 Prozent pro Jahr. Für Christenleute war Zinsnehmen ein verbotenes, verachtungswürdiges Gewerbe, anderseits steckten viele Bürger und Vornehme bei den Juden bis zum Hals in den Schulden. Und das war nicht nur in Zürich so. Um die Mitte des 14. Jahrhunderts schwankte der Zins, den die Juden in andern Städten fordern durften, zwischen 21 und 86 Prozent und stieg in einzelnen Fällen bis auf 127, ja bis auf 166 Prozent. Das konnte kein gutes Ende nehmen.

In den furchtbaren Pestjahren 1348 und 1349 waren die Juden verdächtigt worden, böslich und schändlich die Brunnen vergiftet zu haben. Im September 1348 hatte ihnen der Folterknecht auf Schloss Chillon das Geständnis der Schuld erpresst. Da strich auch der Zürcher Rat das Fähnlein der Judenfreiheit. Schon eine Woche später wurde der feierliche Beschluss gefasst, die Bösewichte auszutilgen und nie wieder einen Wucherer in die Stadt einzulassen. Eine willkommene Begründung war der den Juden aufgebürdete Mord an einem Christenknäblein, das man «im Wolfbach hinter den Judenhäusern» gefunden und im Grossmünster feierlich aufgebahrt hatte. Einige Hellhörige waren beizeiten nach dem österreichischen Rapperswil geflüchtet, das seit Rudolf Bruns Vertreibung der Stadtherren im Jahre 1336 mit Zürich in harter Fehde lag. Nicht entfliehen wollte Rabbi Moses, Leiter einer Talmudschule, der an der Brunngasse ein Haus besass. Mit seinen Schülern erlitt er beim Schützenplatz auf einem Holzrost den Feuertod. Das ansehnliche Haus liess sich Bürgermeister Brun vom Rat überschreiben. Auch in Winterthur erhob sich die Menge gegen die Brunnenvergifter. Selbst Herzog Albrecht von Österreich, der die Juden in seinem Gebiet – also in Winterthur, Schaffhausen und Diessenhofen – vor dem Untergang bewahren wollte und sie auf der Kyburg in Schutzhaft nahm, war schwächer als die Empörung. 330 Juden wurden im März 1349 im Schlosse verbrannt. Auch die Stimme des Papstes Clemens VI. gegen die Judenverfolgungen ging im Wehklagen unter, das damals durch ganz Europa ging. Er selber hatte die Pestilenz als ansteckende Krankheit erkannt, sich in einem besonderen Zimmer zwischen zwei Feuern von der Welt getrennt und jeden Zugang aufs strengste untersagt. Sieben Kardinäle raffte die Krankheit in wenigen Wochen dahin. «In Zürich aber starben so merklich viel Lüt, dass sie diesen Sterbend für eine sonderbare Straf und Plag hielten.» Dass nicht die Wucherer und nicht die vergifteten Brunnen an der Seuche schuld sein konnten, sondern «die Unwissenheit der Heilkünstler, die nicht in Erfahrung brachten, wie die Krankheit zu vertreiben sei», erkannte auch Giovanni Boccaccio. 1348 nahm er das Gleichnis von den drei Ringen in seinen Decamerone auf: ein kühnes Plädoyer für die Gleichberechtigung der Religionen.

In Zürich spürte man offenbar bald, wie kopflos und unmenschlich man geurteilt hatte. Dazu kam die wirtschaftliche Not; Handel und Wandel hatten unter der österreichischen Belagerung zusehends gelitten. Das 1351 mit Habsburgs verschworenen Feinden, den Eidgenossen, geschlossene Bündnis brachte zwar einige Sicherheit, aber kein Geld. So versuchte der Rat, die finanzkräftigen Juden wieder in die Stadt zu locken. 1354 stellte er ihnen einen Freiheitsbrief aus, der die alten Privilegien bestätigte. Eine Rückkehr nach Zürich bedeutete allerdings den üblichen Verzicht auf alle Guthaben bei Stadtbürgern, Rückzahlung aller Schulden an sie, die Bezahlung eines Aufnahmegeldes und einer jährlichen Judensteuer. Bussen, Gerichtsfälle, Bürgeraufnahme- und Judenschutzgebühren gehörten zu den Haupteinnahmen einer mittelalterlichen Stadt.

Nun standen Zürichs Tore für die Juden also wieder weit offen, aber die Zuwanderung erfolgte nur langsam, hauptsächlich aus den schwäbischen Städten, mit denen Zürich gute Beziehungen unterhielt. 1377 war es Eberhart von Gebweiler, der ins Burgerrecht eintrat und ein Haus am Rindermarkt kaufte. Er konnte bei der elsässischen Judenverfolgung nach Basel entkommen, war dort aber wegen blasphemischer Äusserungen verbannt worden. 1378 folgten der lange Smaria von Frankfurt mit seinem Vetter Smaria Pfefferkorn, der junge Fifli von Ulm mit seinem Schwiegervater Fifli von Reutlingen und schliesslich Mössli aus Nürnberg samt ihren Sippen und Gesinden.

Der lange Smaria war ein erfahrener, vielgereister Mann, der seine Geschäfte, aber auch die Menschen verstand. Zusammen mit Pfefferkorn wohnte er über der «Schul», also der Synagoge, im heutigen Hause Froschaugasse 4. Das hohe Gebäude mit der Jahrzahl 1357 fällt noch immer durch die Eigenart auf, dass das untere Stockwerk, in dem sich die Schul befand, einen eigenen Eingang besitzt, während die oberen Etagen durch eine besondere Treppe von der Seite her zugänglich sind. Diese ist nichts anderes als die nach aussen verlegte Treppe, die früher vom Vorraum der Synagoge zur Wohnung des Aufsehers hinaufführte.

Um in der Gasse Ruhe und Frieden zu wahren, wurde vereinbart, kleinere Zwiste nicht vor dem Rat, sondern in der Schul auszutragen. Die Namen der Streitenden und solcher, die nicht regelmässig den Gottesdienst besuchten, wurden auf die Tafel geschrieben. In dieser undankbaren Aufgabe und im Einziehen der Strafgelder lösten sich die Gemeindemitglieder ab.

Im erwähnten Jahr 1380 geschah es nun, als die Reihe des Aufschreibens am alten Fifli und am langen Smaria war, dass eines Tages Mathis, der Knabe des Eberhart, die Aufzeichnungen teils auswischte, teils durch andere Namen ergänzte. Durch kein Verbot war der Störenfried von seinem Tun abzubringen, bis der sonst bedächtige Aufseher Smaria mit einem Bengel auf ihn losschlug. Die Sache kam vor den Rat, und beide Parteien wurden nach dem üblichen Mass mit einer Mark Silber gebüsst, was nach heutigem Wert wohl um 200 Franken ausmachte.

Schon seit einiger Zeit bestanden damals zwischen dem langen Smaria und dem jungen Fifli ernste Spannungen. Salman von Ehingen, der Hauslehrer von Smarias Kindern, scheint dabei den Zwischenträger gespielt zu haben. Bei einem Zusammenstoss mit Fifli schrie er diesen an, er sei böser als die Juden von Zürich und Schaffhausen zusammen. Fifli, der in der Tat auch Bürger von Schaffhausen war und dort viele Verwandte besass, zahlte es dem Salman mit einer Tracht Prügel heim, die bestimmt nicht bescheiden ausfiel. Aus Wut darüber, in die Zange des erbitterten Sippenstreites geraten zu sein, warfen Salmans Hausgenossen dem langen Smaria zwei Stunden nach Mitternacht mehrere Steine in die gute Stube. Am nächsten Morgen folgte des Lehrers Sohn Börich persönlich nach: weder er noch sein Vater wollten fürderhin Smarias Kinder unterrichten, da er ein böser Ausschwätzer sei. Einen Tag lang überdachte Smaria die konfliktträchtige Sache, ging dann zu Salman und verlangte Rückgabe des vorausbezahlten Schulgeldes. «Du bist ein Bösewicht», schrie ihn dessen Sohn Börich an. Diesen Schimpf, der damals als massive Beleidigung galt, hatte auch Mössli vernommen. «Das will ich beim Rat klagen», drohte Smaria, «obwohl ich unseren Streit nicht gerne vor Christenleuten austrage.» Angesichts des Zeugen nahmen Salman und Börich Vernunft an. Man einigte sich auf die Rückerstattung eines Guldens.

Damit schien der Friede in der Gasse wieder für einige Zeit gesichert, aber die kleinen nachbarlichen Zänkereien dauerten fort. 1383 wurde die schwelende Glut von neuem angefacht. Vor Pfingsten trat der Bruder des jungen Fifli, der Synagogendiener Michel, in Smarias Stube und bat ihn, an einem der bevorstehenden beiden Feiertage den Gottesdienst zu leiten. Smaria wehrte ab: «Es ist mir bei den Streitigkeiten, die zwischen uns sind, nicht im Sinne.»

Offenbar muss sich die Atmosphäre bald darauf etwas entspannt haben. Als Michel den Smaria erneut bittet, meint dieser: «Ich habe vernommen, dass der junge Fifli und auch der Mössli an den beiden Tagen vorsingen möchten.» Doch Michel beteuert, dass sein Bruder Fifli bestimmt nicht singen wolle, da er es noch nie getan habe. In der Absicht, seinen Feind nicht unnötig zu reizen, willigte Smaria ein: «Ich will dir den Dienst gern tun und am ersten Tag vorsingen, denn ich habe Übung darin seit zwanzig Jahren, von hier und den vielen fremden Städten, in denen ich sesshaft gewesen bin.» Doch da fällt Michel plötzlich ein, dass sich auch der ehrgeizige Mössli für den Gesang am ersten Tag vorbereite. Er überlegt einen Augenblick und gibt dann dem offensichtlich stimmbegabteren Smaria den Vorzug. Mit feinem Takt verschmäht dieser die Begünstigung, er wolle es nicht besser haben als sein Rivale, um so mehr als er mit Mössli, dem Freund Fiflis, auch nicht gerade auf gutem Fusse lebe. Das Los möge entscheiden. Michel verspricht, Mössli diesen vernünftigen Vorschlag zu übermitteln.

Der Synagogensturm

So kommt das Fest heran, die Juden ziehen am Morgen des Feiertages heiteren Sinnes in ihr geschmücktes Gotteshaus, Smaria wie immer als einer der ersten. Das ihm angetragene Amt will er aber nicht annehmen, bis das Los entschieden hat. Zusammen mit Michel tritt der Erwartete endlich ein und begibt sich sogleich an seinen Platz. Michel aber tritt flüsternd zu Smaria: «Mössli will das Los nicht werfen.» Gleichzeitig erhebt sich dieser und ruft durch die Synagoge: «Ich will mit niemand das Los werfen, sondern vorsingen, ob es dem Smaria lieb oder leid ist.» Erhobenen Hauptes tritt er vor den Altar und beginnt zu singen. Nun springt auch Smaria von seinem Sitz, pflanzt sich vor Mössli auf und erhebt seine gewaltige Stimme. In den Zuschauerbänken erhebt sich ein Sturm der Entrüstung, in dessen Wogen Mösslis Sangeskünste gänzlich untergehen. Brüsk bricht dieser das disharmonische Duett ab und läuft in höchster Erregung aus der Schul, seine Freunde Eberhart und Fifli im Kielwasser. Kaum zu Hause, trifft dort eine Deputation ein, die vermitteln will: Eberhart, Pfefferkorn und Mösslis Schwester. Sie schlagen vor, Smaria solle singen und dafür Mössli für die entgangene Ehre entschädigen. Aber alles Bitten und Betteln ist umsonst. Zornig laufen die zwei mit Mössli zurück ins Gotteshaus, «wo man erst halb gesungen hat». Eberharts wüste Worte übertönen für einen Augenblick Smarias feierlichen Sermon. Da dieser aber mit fester und noch kraftvollerer Stimme im Text weiterfährt, rückt ihm Mössli zu Leibe. Mit Gewalt und üblen Schmähworten hindert er den Vorsinger, den Gottesdienst zu vollenden. «Ungesungen an ir pfingsten» verlassen die verstörten Gläubigen die Schul.

Diese Sache konnte Smaria nicht auf sich beruhen lassen. Wegen dem «zerstörten sang» wandte er sich an den jüdischen Hochmeister in Rottenburg, welcher Mössli alsbald aufforderte, zur Rechtfertigung vor ihm zu erscheinen. Dies kam Smaria teuer zu stehen. Denn Zürichs Bürgermeister und Räte hatten es sich vorbehalten, über ihre Juden selber zu richten. Vor den Hochmeistern in Worms oder Rottweil Recht zu suchen, war bei einer Strafe von 200 Mark Silber untersagt. Mössli, der sich der Unstatthaftigkeit seines Synagogensturms wohl bewusst war, nützte die Rechtslage. Er verzeigte seinen Gegner beim Zürcher Rat und legte zur Bekräftigung die Aufforderung des Hochmeisters vor. Smaria wurde, wie es im Ratsbuch steht, zur angedrohten horrenden Busse verurteilt.

Der heissblütige Fifli

Von da an brannte zwischen Smaria und Mössli ein unauslöschlicher Hass. Bald streute Mössli aus, die beiden Smaria wollten ihn aus der Stadt vertreiben. Dazu wäre er wohl zu schwach, entgegnete der Lange, wenn Mössli seine Wegweisung befürchte, so hätte das ganz andere Gründe, welche die Herren und Räte zu gegebener Zeit gewiss wohl noch erfahren würden. Und hatte Mössli nicht schon mehrmals gesagt, ein Haufen Geld würde ihn nicht reuen, dem langen Smaria endlich den Meister zu zeigen? Jetzt komme es darauf an, wessen Guldenhaufen grösser sei.

Während Smaria bei dieser Auseinandersetzung einen überlegenen Ton beibehielt, geriet der hitzige Mössli immer mehr ausser Fassung. Auf das unschuldige Haupt seiner eigenen Frau, der hinkenden Mirjam, die Pfefferkorns Schwester war, entlud sich schliesslich sein ganzer ohnmächtiger Zorn. Mit den Fäusten trieb er sie aus der Synagoge: «Du lamy hüntin gan herus, sonst trit ich dir das ander bein auch noch entzwey.» Auch mit «lamy hur» bedachte Mössli sein getreues Eheweib und mit einigen weiteren Kraftausdrücken, die wiederzugeben offenbar unter der Würde des städtischen Ratsschreibers war.

Fifli der junge, der in späteren Gerichtsprotokollen auch «der böse» genannt wird, war wohl auch in geschäftlichen Dingen kein beliebter Partner. Er besass zwar am Rindermarkt ein eigenes Haus, aber sein Einkommen stand damals hinter dem seiner Glaubensgenossen weit zurück. So versuchte er es offenbar auf andere Weise. Seine eindeutige Stellungnahme für Mössli hatte ihm bald dessen Freundschaft und schliesslich sogar ein Darlehen eingebracht. Nun wurde sein Zorn auf die reichen, etwas unnahbaren Smarias immer unbeherrschter. Schon zu Ostern 1383, als Pfefferkorn beim Spiel einen Gulden Fiflis nicht wechseln wollte, weil er ihm nicht gut erschien, hatte dieser geschworen: «Ich werde dich schlagen, dass du genug hast, und sollte es auch hundert Gulden kosten!» In der Folge liess er keine Gelegenheit ungenutzt, den Smarias ein Tüchtiges ans Bein zu geben. Wie gefährlich weit er es trieb, zeigt eine Episode aus dem folgenden Jahr: Sass da eines Abends der gute Smaria mit einigen auswärtigen Freunden beim Nachtmahl. Um nachzusehen, ob in der Synagoge auch alles in Ordnung «und die liechter besorget seyen», schickte er die Magd und seinen Schwager hinunter. Blass vor Schreck stürzten die beiden sogleich wieder die Treppe herauf: in der Schul liege ein totes Kind. Laut schrie die ganze Gesellschaft durcheinander, und Smaria schickte sogleich nach der Frau, der er den Synagogenschlüssel anvertraut hatte. Diese spielte zuerst die Unwissende, gestand dann aber, dass Fifli das tote Kind heimlich in die Schul hatte tragen lassen. Smaria hätte sie es nicht sogleich melden können, weil der Zugang zu seiner Wohnung versperrt gewesen sei. Smaria Pfefferkorns Klage beim Rat, die Synagoge sei entweiht worden, wurde von vielen unterstützt. Offenbar hatte Fifli gehofft, dass einer der Smarias die Sache vor den Hochmeister bringe und damit seine Aufseherstelle verliere. Auf die Klage vor dem Zürcher Rat ging er zum Gegenangriff über. Smaria habe behauptet, er, Fifli, hätte ein totes Christenkind in die Synagoge gebracht. Damit sei die Existenz aller Zürcher Juden gefährdet und Fifli gewissermassen als Mörder und Urheber des Unheils bezichtigt. Da sich das tote Kind aber als ein jüdisches erwies, blieb die Angelegenheit ohne schwere Folgen. Fifli büsste seine nichtswürdige Tat dem Rat und dem Kläger mit je einer Mark Silber.

Kaum war dieser Fall beigelegt, lud sich Fifli eine weitere Gerichtsaffäre auf den Hals. Salmans Tochter Rachel hatte ihre Magd zu Mössli geschickt, um einen Schuldbrief einzulösen, was ihr aber verweigert wurde. Da war auch schon Fifli mit seinem gefürchteten Mundwerk zur Stelle: Wollte er die Angehörigen Rachels nicht schonen, so wüsste er über ihren Lebenswandel so viel zu erzählen, «daz man sprech, er hett genug geseit». – «Wärest du fromm, so würdest du das unter ihren Augen wiederholen», entgegnete die Magd. «Darumb han ich dir geseit, daz du es ira sagist», höhnte Fifli, und er werde es gerne auch selber noch besorgen. Als er Rachel kurz darauf in einem Erker sitzen sah, erschien er unter der Tür, wiederholte seine Beleidigungen und fügte prahlend hinzu, dass er ihrer Schwester «all die jar» nachgestellt habe, bis sie sich ihm ergeben habe. Und hätte ihn Mössli kürzlich nicht gehindert, so würde er die Magd geschlagen haben, «daz man sie für tot heim tragen müsst».

Seine Töchter der Unehre bezichtigt zu wissen, das war für Salman, den Lehrer, eine Sache, die tiefer sass. Er erkannte es nun nur allzu deutlich: mit dem bösen Fifli und seiner ganzen Sippe konnte man nicht in Frieden leben. Schon vor drei Jahren hätte er diese Lehre ziehen müssen, als er zusammen mit Fiflis Bruder Michel wegen Christenfrauen, mit denen sie sich in der Synagoge angeblich eingelassen hätten, in eine Geschichte hineingerutscht war, die ihm leicht die Stadtverbannung hätte eintragen können. Nein, die Fiflis hatten alle ein Lästermaul, auf ihrem Hause ruhte kein Segen. Jetzt galt es klare Distanz zu schaffen, mutig und öffentlich.

Als Michel ihn kurz darauf zur Lesung der Thora vor die Gemeinde rief und ihn «mit den fünf büchern Moysi gesegnet», da fluchte Salman dem Michel «gar schentlich und schalklich». Dem langen Smaria, der als Zeuge gebeten wurde, erzählte Salman, dass ihn damals das «fallende Übel» angekommen sei.

Die Tragik eines zerrissenen Freundschaftsbundes erlebte um diese Zeit auch Mössli. Zwischen ihm und Fifli hatte ein so herzliches Einvernehmen bestanden, dass Mössli seinem Freund «sein heimliches in allen sachen anvertraute». Mancher Brief von Mösslis Geschäftsreisen bezeugte dies. Fifli stellte sich bei dieser Bruderschaft nicht schlecht; er profitierte von Mösslis Wohlhabenheit und sass nicht selten an dessen Tafel. Es war im Jahre 1385, als sich das mit einem Male änderte. Als Mössli von seinem Gast ihm ausgeliehenes Geld gelegentlich zurückverlangte, wäre Fifli ohne jedweden anderen Grund «stössig» geworden. Wie Mösslis Frau Mirjam die Aufforderung wiederholte, sprang Fifli vom Tisch, schleuderte ihr «freventlich und schalklich» ein Schimpfwort entgegen und fuhr ihr «mit dem tumen und seiner fust» ins Gesicht, «als ob er ir das ög us wolt trucken». Und noch auf der Treppe versicherte er dem Gesinde, er hätte ihr die Augen ausgeschlagen, wenn ihr Mann ihn nicht gehindert hätte.

Die Sache kam vor den Richter, um so mehr als Fifli nun auszustreuen begann, er besässe von Mössli eine erfreuliche Zahl vertraulicher Briefe, durch die er ihn um Ehre und Gut bringen und zu einem «meineiden bösewicht» stempeln könnte. Ja in seinem Hass spielte er mit dem Gedanken, sich mit dem langen Smaria zu verbinden, der sich ob dieses Streites gewiss freue. Mössli wollte, so gelobte er vor dem Rat, nichts mehr mit Fifli zu tun haben und ihm weder Liebes noch Leides zufügen. Allerdings brannte sein Zorn gelegentlich mit ihm durch. Als Fifli, der – wir erinnern uns – im Vorsingen wenig Übung hatte, kurz darauf den Gottesdienst leiten sollte, habe Mössli als der unentbehrliche zehnte Mann ostentativ die Synagoge verlassen, damit den Gottesdienst verhindert und so Fifli «die gröst smachheit angetan, die ein jud dem andern erbieten mag». Aber damit vermochte der böse Fifli den Rat nicht umzustimmen. 3 Mark Strafe zahlte er in den Stadtsäckel und 1 Mark an Mössli.

Fifli wäre nicht Fifli gewesen, wenn er nun Ruhe gegeben hätte. Im folgenden Jahr musste er sich wegen seiner widerborstigen und unbeherrschten Art von einer Verwandten Mösslis «böser paritz» schimpfen lassen, «daz ist zu tütsch ein bösewicht». Im kommenden Jahr, 1387, kam schliesslich eine grosse Schlägerei in der Schul vor den Rat, die Fifli einige Mark kostete: Tritt da am Sabbatausgang Mössli in das Gotteshaus, von zugereisten Freunden begleitet, die nach guter Sitte mit ihm das Mahl geteilt haben, als sich Fifli sogleich grimmig und giftig an die Gäste wendet: «Ihr hant nit by einem so biderben wirt gegessen, als mini gest getan hant.» Gleich und gleich gesellten sich eben gern, und wer sich zu den Bösen setze, der müsse sich nicht wundern, wenn ihm Böses geschehe. Damit ging Fifli auf seinen Platz, aber sein spitzes Mundwerk kam noch nicht zur Ruhe: «Da haben hüt hurensön und huren und hurenkinder uf uns gewartet.» – «Ich könnte wohl andere einen Hurensohn nennen, will es aber nicht tun», parierte Mössli. «Da hör ich ein hurenson reden», stach Fifli schnell zurück. Darauf muss es sehr handfest zugegangen sein, was die Höhe der ausgesprochenen Busse verrät. Mit 10 Mark an den Rat und 1 Mark an Mössli bezahlte Fifli die Affäre.

Das hielt ihn nicht ab, bei einem neuerlichen Wortwechsel dem Mössli mit einem Brett aufs Haupt zu schlagen, worauf dieser ihn auf deutsch und «Abrahamsch» – wie der Ratsschreiber das Hebräische nennt – einen Verräter, Dieb und Mörder schilt, den «hetti man in ze Rütlingen und ze Villingen, man henkti in», ja dass er seinem Gegner in die Augen fuhr und «wölt im die ögen usbrechen». Es kam noch schlimmer. Als Fifli kurz darauf aus der Schul tritt, fällt ihn Mösslis Schwager Smoel mit einem Messer an und sticht ihn in den Rücken. Da Fifli sich befreien will, halten ihn Mössli und sein Weib Mirjam fest, «die hinkent jüdin, die doch kein burgerrecht hat», wie Fifli wutenbrannt ausruft. Es glückt Smoel, ihm drei Wunden in den Leib und den Schenkel zu versetzen, bis Rabbi Abraham dazwischenfährt. Smoel zahlt dem Rat wegen Friedensbruch 20 Mark, für die Stecherei 6 Mark, dem Kläger für beides 7 Mark. Kurz darauf wollen auch zwei andere Fifli an den Kragen. Wie Eberhart und sein Sohn Mathis dem Bösewicht auf dem Rindermarkt begegnen, wird er nach kurzem Wortgefecht von «Eberli» mit einem Stock geschlagen, und Mathis sticht ihm mit einem Messer Löcher durch den Mantel.

Erstaunlich still ist es in jener Zeit um den langen Smaria geworden. 1388 muss er eine gewisse Zeit in Schaffhausen gelebt haben, wo er Bürger wurde und bald auch unter Fiflis Schwager Josman und dessen Sohn Smuel viel zu leiden hatte. Wo sie vermögen, klagte Smaria, tun sie ihm, seiner Familie und seinem Gesinde Schaden an. 1390 wird er merkwürdigerweise vom Zürcher Rat wegen Umgangs mit einer Christin aus der Stadt verbannt, doch nach wenigen Monaten kehrt er wieder in die Judengasse zurück. Hier war die Atmosphäre keineswegs ruhiger geworden. Allerlei Gerüchte tauchten 1391 über Fifli auf, so dass der Rat sich zu einer Untersuchung genötigt sah. Denn, offenbar mehr und mehr in die Isolierung gedrängt, hatte Fifli vor allerlei Leuten geprahlt, es gehe im Rate nicht viel vor, wovon er nicht schon früher erfahre. Was da auch geschehe, das berichte ihm der Schreiber Chunrad Wider, der ebenfalls in der Gasse wohnte. Dieser verständige Mann schreibe im übrigen Fiflis Bussen anderen Juden aufs Konto.

Bei der Untersuchung kam auch zur Sprache, dass Fiffli unter seinen Glaubensgenossen viel Unfug triebe, und wie sie sich an Leib und Gut vor seiner «Verräterschaft» wahren müssten. Fifli soll sogar geprahlt haben, welchen Frevel er auch jemals begehe, so würden seine Bussen dank einem Abkommen mit dem Rat niemals die Summe von 50 Pfund überschreiten. Eine Anzahl jüdischer und christlicher Zeugen waren geladen; das Urteil ist leider nicht erhalten.

Die Strafe für Fiflis Verleumdung des Rates und dessen Schreibers wird nicht sehr christlich ausgefallen sein. Ob sie bei ihm eine Umkehr bewirkte? Guten Willens war er wohl, wenn ihn nicht gerade der Teufel ritt. Auch seine Nachbarn waren bereit, ihm nochmals eine Chance zu geben. So kam für Fifli denn die freudige Zeit der Verheiratung seines Sohnes Seligman heran. Auch Smaria und Fiflis Verwandte von Schaffhausen waren geladen. Diese fürchteten sich aber, in des langen Smarias Nähe zu kommen. Erst als Fifli von den Zürcher Herren ein sicheres Geleit erwarb, erschienen Josman sowie sein Schwiegersohn Michel mit dessen Söhnen Smuel, Lemli, Pendit und zahlreichen Verwandten.

Am Samstag in der Nacht wird die Hochzeit gefeiert; die Juden wollen «in ihrem sinne wolleben», es geht hoch und ausgelassen her. Aber es scheint, dass Fifli Smarias friedlichen Absichten wenig traut. Mit Rabbi Abraham geht er auf ihn zu und warnt: «Smaria, mir merken wol an dir, daz du stritt meinest anzefachen uf dis nacht mit dem Smuel und mit seinen gesellen». Smaria erwidert, er wolle nichts tun und er hätte nichts Böses im Sinn. Sie aber reden weiter: «Smaria, hab din gewach, wan inen ist geleit und frid gegeben von unseren herren von Zürich!» Darnach dreht sich Smaria mit seinem Weib Hendlin fröhlich im Tanze. Seine Freude ist allerdings nicht ungetrübt. Die Söhne der Schaff-

Der Hebräer und das goldene Kalb
Wiener Flugblatt, um 1500

hauser, Jakob, Lemli und Pendit, haben seinen eigenen Sprössling Wolf geschlagen, und Fromuet, Michels Weib, hat seine Frau, als sie zu Tische sassen, schmählich beleidigt. Und jetzt eben, wie er sich mit seiner Hendlin im Tanze dreht, stösst Smuel die Frau unversehens mit dem Ellbogen vor die ansehnliche Brust. Noch hält Smaria an sich, noch «andet» er es nicht. Als er aber mit seiner Ehegattin eine neue Runde tanzt und nun Smuel auch ihn in die Seite pufft, da bricht sein Zorn urtümlich hervor. Er bindet seinen Kugelhut vorne in der Weise zusammen, dass er zwei Hörner bildet, und steckt zwei Späne hinein. Dergestalt schrecklich anzuschauen, läuft er gebückt auf Smuel zu und haut ihm jählings die schwere Faust in den Nacken. Jetzt zeigt sich, dass er und seine Begleiter bewaffnet sind. Schnell steckt ihm sein Sohn ein gezücktes Schwert zu, die Lichter erlöschen im Gedränge, niemand von der Hochzeitsgesellschaft traut sich anfänglich, sich ins Mittel zu legen. Da dringen auch schon Josman und seine Söhne mit Messern und Schwertern auf Smaria ein. Doch die Gesellschaft findet Zeit, Schlimmeres zu verhüten. Smaria sagte später selber, wenn er den Smuel erwischt hätte, er «hette in villicht übel zugericht». Über Anfang und Verlauf des hitzigen Auftritts, in dem sich seit langem aufgestaute Spannungen entluden, stehen vor Gericht so viele Zeugen wie Behauptungen. Smaria wird schliesslich zu einer Geldstrafe von 10 Mark an den Rat und 6 Mark an die Kläger verknurrt.

Niemand ahnte damals, dass es den lebenslustigen Schaffhauser Hochzeitsgästen zehn Jahre später so übel ergehen würde. Sie waren unter den dreissig Juden, die anfangs Juli 1401 in Schaffhausen wegen angeblicher Anstiftung zu einem Kindermord elendiglich verbrannt wurden, nicht ohne «ordentliches» Gerichtsverfahren. Einige von ihnen, darunter Lemli, waren durch furchtbare Tortur zu einem unwahren Geständnis gezwungen worden. Auf der Fahrt zur Richtstätte widerriefen sie ihre Aussagen und nannten die Richter Mörder und Bösewichte. Zu spät für sie, aber ein Hinweis für die Zürcher. Der Rat von Zürich ging nun sehr klug vor. Er liess fünf Knechte, die der Exekution in Schaffhausen beigewohnt hatten, zu sich kommen und vom Widerruf der Gefolterten berichten. Auch die Zürcher Zünfte erhielten von diesen Berichten Kenntnis, aber mancher Zunftherr steckte bei den Wucherern so tief in der Schuld, dass die willkommene Erregung der Christen noch absichtlich geschürt wurde. Da griff der Rat energisch durch, liess alle Juden zu ihrer Sicherheit gefangen setzen und ihre Häuser bewachen. Smaria war dabei unter besondere Schutzhaft gestellt worden, das heisst, er genoss wohl eine bevorzugte Behandlung.

Die Empörung der Betroffenen gegen den eigenmächtigen Rat war gross, aber dieser gab nicht nach, im

Gegensatz zu Winterthur, wo auf die Bitte Schaffhausens 19 Juden, die sich nicht taufen lassen wollten, ins Feuer geschickt wurden. Als in Zürich die Volkswut verraucht war, liess man die Gefangenen gegen ein «Geschenk» von 1500 Gulden wieder frei. An den Rat abtreten mussten sie damals auch ihre Guthaben von 6000 Gulden, die sie beim Hause Toggenburg zu fordern hatten. Zürich kaufte damit die Herrschaft Greifensee.

Fifli, der seinen Glaubensgenossen mit schneller Hand, gezücktem Messer und spitzer Zunge noch viel Ungemach und dem Ratsschreiber fortwährend zu schaffen gemacht hatte, war damals schon nicht mehr am Leben. 1400 war er vom Raubritter Götz von Hünaberg, mit Wissen und Unterstützung einiger Stadtbürger, an der Glatt erschlagen worden. Er muss von Bürgern und umwohnenden Rittern beträchtliche Guthaben und Pfänder gehabt haben, denn seine Witwe verkaufte bald darauf dem Kloster Selnau die Feste Manegg und den Kirchensatz von St. Gilgen in Leimbach, mit Äckern, Wiesen, Holz, Feld, Weg und Steg. Salmans Spur verliert sich schon um 1385. Eberhart, bei dem das Stiftskapitel von Embrach verschuldet war, starb 1393.

Mösslis Unglück war es, dass er sich mit einer Christin eingelassen hatte. Wusste Smaria davon, als er damals von verbotenen Dingen sprach, die dem Rat eines Tages wohl noch zu Ohren kommen würden? 1394 in den Turm geworfen, wurde Mössli nach Erlegung von 600 Gulden «wegen Hurerei» aus der Stadt verbannt. Während seiner Haft im Münsterhof hatte er gestanden, Chutzmann Ringger, der bei ihm in der Kreide stand, hätte ihm «sin wip verkouft». So musste er denn «über Reuss und Aare schwören», sich niemals mehr diesseits der beiden Flüsse zu zeigen, wenn er seiner Augen sicher sein wollte. Die unglückliche Ringgerin wurde mit einem spitzen Judenhütlein auf einen Karren gesetzt und aus der Stadt geschafft, voran zwei Mann von der Scharwacht, die auf ihren Hörnern bliesen. Unter Androhung der Blendung wurde sie auf ewige Zeiten auf zwei Bannmeilen von Zürich verjagt. Das gleiche Schicksal traf ihre Mutter, da sie von dem unchristlichen Verhältnis gewusst hätte.

Salomon kommt und geht

Smarias Tod erfolgte 1404 auf natürliche Weise, wie es scheint. Er muss ein sehr einflussreicher Mann gewesen sein, denn in Winterthur konnte er 1392 acht Sicherheits- und Geleitbriefe vorweisen – mit dem Siegel Herzog Leopolds von Österreich oder dessen Landvögten zu Konstanz, Baden und Schaffhausen. Drei Jahre später wurde ihm von den Betreibungsbeamten die Burg des Ritters von Hofstetten zugesprochen, der ihm 1700 Gulden nebst Zins schuldig geblieben war.

Seine Frau Hendli führte den Geldverleih weiter, wobei sie aber viel Ärger hatte, vor allem mit einer Schuld, die der Bischof von Chur pflichtig war. Ihr Sohn Löw wurde 1417 von vier unbekannten Gesellen in Schwamendingen blutig geschlagen. Der Dorfmeyer, der zu Hilfe eilen wollte, wurde vom Sohn des Herzogenmüllers zurückgehalten: «Lass sie doch, er ist ein Jud!»

Und dies war längst nicht der einzige Fall, der damals zwischen Juden und Christen zu reden gab. Heissblütigkeit stand gegen Selbstgerechtigkeit; Neid, Misstrauen und Intoleranz erwachten hüben und drüben. Um der «mengi» entgegenzukommen, wurden in diesen Jahren zwischen Bürgerschaft und Juden mehrere trennende Schranken errichtet. So war 1404 bestimmt worden, dass ein Jude gegen einen Christen keine Zeugenschaft mehr ablegen dürfe, 1416 wurden die Neuaufnahmen beschränkt und 1422 die Juden vom verbilligten Holzbezug aus dem Sihlwald ausgeschlossen. Sonst aber blieb alles beim alten, nach wie vor trat der Rat für die verbrieften Rechte seiner Juden ein. Trotzdem lag Unheil in der Luft. Von Jochanan «in der Schul» – es wird Smarias Nachfolger gewesen sein – ging 1421 das Gerede aus, er habe von einem Mitglied des Rats vernommen, Salomon von Rheinfelden sei bereit, falls man alle andern Juden aus Stadt und Land vertreibe, künftig allen Bürgern zum halben Zins Geld zu leihen. Das Gerücht wurde durch zwei Zeugen und bald auch durch die Tatsachen bestätigt.

1423 beschloss der Rat, den «jüdischen Gedingburgern» das Aufenthaltsrecht in Zürich zu kündigen. Ein Konkurrent hatte sie allesamt aus dem Feld geschlagen: Die Stadt hatte Salomons Angebot akzeptiert und ihn am 4. Juni 1424 mit drei verheirateten Kindern für zwölf Jahre gegen die hohe Einkaufsgebühr von 2000 Gulden in das Burgerrecht aufgenommen. Bedingung war, dass sie vier Häuser gesondert bewohnten und von einem Pfund nur einen Pfennig pro Woche, also 23 1/3 Prozent, nahmen. Aber Salomons heimliche Rechnung ging nicht auf. Er wollte Zürich nämlich in einem grossen Güterstreit mit Konstanz seinen Interessen vorspannen. Der Rat half seinem Gedingburger wohl im Sinne des Burgerrechtsbriefes; als aber Konstanz «auf Begehren des Bundes vom Bodensee wegen Kindsmords in Ravensburg» die Einkerkerung aller Juden verlangte, bis die Untersuchung abgeschlossen sei, kam Zürich dem Begehren mit verräterischer Eile nach. Fünf Wochen «brummten» die Neuburger. So rückte denn allmählich die Zeit heran, wo Salomon für sich und die Seinen um eine Verlängerung des Burgerbriefes nachsuchen musste. Der Rat kam ihm aber zuvor und kündigte 1435 die «Freiheit» all jenen, die Geldgeschäfte trieben. Die anderen, «so ihren pfennig by uns zerren wöllten», erhielten noch eine Gnadenfrist. Doch schon im folgenden Jahr wurde «Gott und unseren Frowen ze lob und eren» auch ihnen gekündigt, und es sollte «ewenklich statt han», dass sich auf Zürcher Boden kein Jud mehr haushablich niederlasse.

Hendli, Smarias Witwe, hatte sich nach der «salomonischen» Judenausweisung 1423 mit ihrer Familie nach Bremgarten begeben. 1425 zog «der Smaryeten Tochter» mit ihrem Manne nach Köln. Da dort aber eben eine Judenverfolgung begann, kehrte sie wohl wieder ins Reussstädtchen zurück. In Zürich war auf längere Zeit kein Platz mehr für Juden. Selbst durchreisende Geldwechsler waren ihres Lebens nicht mehr sicher. Erst zu Ende des 15. Jahrhunderts fand ein gewisser Smaria wieder Aufnahme in den Schutz der Stadt.

Der vergessene Gefangene

Der Alte Zürichkrieg, jener selbstmörderische Machtkampf zwischen Zürich und den übrigen Eidgenossen, bildet das düsterste Kapitel der Zürcher Geschichte, grausam, fanatisch und unerbittlich, wie nur Bruderkriege sein können. Zürich hatte dabei seine besten Männer geopfert. Die Felder und Weinberge waren verwüstet, die Kirchen zerstört, und ganze einst blühende Dörfer lagen in Schutt und Asche.

Es ging um ein Stück grünes Land, die Linthebene, die der kinderlos verstorbene Graf Friedrich von Toggenburg den Zürchern und den Schwyzern zu vererben versprochen hatte. Die Schwyzer besassen offenbar bessere Beweise, den Zürchern war das umstrittene Gebiet besonders wichtig, weil es einen wichtigen Abschnitt ihrer Transportroute über die Bündnerpässe nach Italien umfasste. Mit diesem Erbstreit war bald auch das 1351 beschworene Bündnis Zürichs mit den Eidgenossen in Frage gestellt. «Auf ewige Zeiten» hiess es auf dem Pergament, was die Zürcher als «zeitlich nicht beschränkt» interpretierten. Gemeinsamer Feind und Ursache des Zusammenschlusses war damals Österreich gewesen, der Erzfeind der Waldstätte, mit dem die verärgerten

Zürcher nun 1442 ein Sonderbündnis schlossen. Die blutige Auseinandersetzung war programmiert. Die Zürcher selber spalteten sich in zwei Parteien, in die «eidgenössische» und die «österreichische», die sich bald aufs bitterste bekämpften. In diesem Rahmen muss das traurige Schicksal des löblichen Gastwirtes Hans Brunner gesehen werden. In einem Meer von Hass und Blut war es gewiss eine kleine Nebengeschichte, aber nicht minder schrecklich für den, den sie betraf.

Seit dem Bündnis mit den Eidgenossen sah man immer wieder Boten, Meldereiter und Standesläufer aus der Innerschweiz nach Zürich kommen. Sie wurden vom Rat freundlich empfangen und mussten nun auch standesgemäss untergebracht werden. Am geeignetesten dafür war das Gasthaus «Zum roten Schwert» an der unteren Brücke gerade gegenüber dem Rathaus. 1406 hatte es ein Hans Brunner, Abkömmling einer angesehenen Albisrieder Wirtefamilie, aus dem Besitz des ausgestorbenen Rittergeschlechtes der Mülner übernommen. 1411 sass der junge Brunner bereits im Rat. Anfänglich war das «Schwert» nur eine einfache Trinkstube, wobei Brunner wohl auch ein paar Fremdenbetten bereit hielt, denn 1414 wurde einem Grafen Hans von Löwenstein vom Scharfrichter ein Ohr abgeschlagen, da er Hans Brunner zwei Leintücher gestohlen hatte. Diese Strafe verrät uns nach damaliger «spiegelnder» Gerichtspraxis, dass er sich bei Brunner aufs Ohr gelegt hatte.

1427 wurde Brunner, bereits der angesehenste Gastwirt Zürichs, zum Zunftmeister der Weinleute gewählt, bei denen auch der spätere Bürgermeister Rudolf Stüssi zünftig war. Die beiden hatten das Heu aber nicht auf der gleichen Bühne. Als Wirt der Zürcher Standesherberge pflegte Brunner mit den eidgenössischen Boten freundschaftlichen Kontakt, und manches Staatsgeschäft wurde in seiner Weinstube besprochen und begossen. Anders Stüssi: Ihm war die Erweiterung des Zürcher Territoriums um die Linthebene wichtiger als der Buchstabe des alten Bündnisvertrages. Viele dachten so wie er und lachten über die törichten Bauern und Viehhirten, die meinten, sich mit einer wehrstolzen Stadt anlegen zu können.

Doch in der Schlacht bei St. Jakob an der Sihl am 22. Juli 1443 sah alles ganz anders aus. Als das wohlorganisierte Bauernheer geschlossen gegen die Stadt vorrückte, flohen die Zürcher in hellen Scharen. Rudolf Stüssi, der auf der Sihlbrücke die wilde Flucht aufhalten wollte, wurde von unten erstochen. Auf ihn, den ehemaligen Glarner, hatten seine Landsleute einen besonderen Hass. Mit dem Schmer seines Bauches schmierten sie Schuhe, Stiefel und Spiesse, sein herausgerissenes Herz warfen sie sich jubelnd zu, bis es zerbissen und zerrissen in die Sihl geworfen wurde. Zürich hatte nicht nur den Kampf, sondern auch den kühnsten Kopf verloren.

Vermutlich hatten die Freunde der eidgenössischen Partei noch selber in dieser erbärmlichen Schlacht mitgefochten, Hans Brunner nachgewiesenermassen in der Rotte mit den langen Spiessen. Nun aber hatten sie genug. Um dem sinnlosen Morden ein Ende zu bereiten, hatte der Bischof von Konstanz auf den März 1444 zu einer Friedensverhandlung eingeladen. So ritten ihrer fünf, alles führende Zürcher, voller Hoffnung nach Baden hinunter: Ulman Trinkler, Zunftmeister der Schmiden, Hans Meiss, Ratsherr der Constaffel, Hans Bluntschli, Zunftmeister der Zimmerleute, Heinrich Effinger, Zunftmeister der Kämbel, und Hans Brunner, Schwert-Wirt und Weinleute-Zunftmeister. Doch als sie anfangs April mit Friedensvorschlägen heimkehrten, erhob sich in der verblendeten Stadt ein wilder Tumult. Als Verbrecher, Verräter und ehrlose Staatsfeinde wurden die Unterhändler beschimpft und drei von ihnen nach kurzem Prozess am 4. August 1444 auf dem Fischmarkt vor dem Rathaus öffentlich enthauptet: Meiss, Trinkler und Bluntschli. Gegen Effinger ist kein Urteil vorhanden, er war in der Schlacht Hauptmann gewesen, sein Name tauchte später bei den eigentlichen Friedensverhandlungen wieder auf. Und Hans Brunner? Er wurde aus der Zunft verstossen, mit 3000 Gulden – dem ungefähren Wert des «Schwert» – gebüsst und auf Lebzeiten im Spital bei der Predigerkirche in eine enge Kammer gesperrt. Nur an hohen Feiertagen durfte der Ehrlose unter Sprechverbot und strenger Bewachung im Grossmünster die Messe besuchen.

Der Krieg tobte noch lange weiter. Das ganze Zürichbiet wurde mehrmals aufs schlimmste verwüstet. Blutigstes Ereignis war die Einnahme der Burg Greifensee, wo am nächsten Morgen, dem 28. Mai 1444, die ganze wehrfähige Besatzung von 62 Zürchern der Reihe nach enthauptet wurde. Der Berner Scharfrichter, Meister Ulrich, der sich zwei Jahre später am Jahrmarkt in Freiburg dieser Tat rühmte, wurde noch am gleichen Abend ermordet.

Nach langen, zähen Verhandlungen kam es im April 1450 endlich zu einem Vergleichsfrieden. Die Zürcher kehrten in den Bund der Eidgenossen zurück. Im folgenden Jahr 1451 war dieser eben ein Jahrhundert alt. Man setzte sich zusammen, hielt Rückschau auf das Geschehene, das sich nie mehr wiederholen durfte. Da erinnerte sich einer auch des getreuen und lieben Hans Brunner und liess im Spital nach ihm holen. Dort wurde er als «gestorben» gemeldet. Man hatte ihn ganz einfach vergessen.

Geschichtsschreibung ist oft eine staubige Strasse, wo nur ein bisschen krautiges Leben am Wegrand ein paar spärliche Blüten treibt: in Fussnoten und Anmerkungen. So erging es dem Zürcher Pfarrer und Sprachforscher Josua Maler – verwelkt und vergessen! Er lebte für das Wort im theologischen und philologischen Sinne. Aber seine dünne Fistelstimme reichte zuwenig weit. Wenn er in der Kirche das Evangelium auslegte – Wort für Wort auf seinen ursprünglichen Gehalt prüfend – mussten die Hinterbänkler die Hand ans Ohr legen und trugen doch nur wenig vom evangelischen Sauerteig heim.

Josua Maler wurde 1529 in Zürich im Hause «zum Rechberg» an der Schlüsselgasse bei der St. Peterkirche geboren, zwei Jahre vor Zwinglis Tod. Sein Pate war jener Wahlzürcher Hans Lutherer von Waldshut, der 1538 an der St. Peterkirche die mechanische Stadtuhr konstruierte, seine Gotte «die edle und tugendsame Frau Magdalen Effingerin, so Conventsfrau in Königsfelden gewesen». Sie war eine Vertraute von Josuas Mutter, der sie nach Zürich gefolgt war. Auf Staatskosten besuchte der aufgeweckte Josua die Karlsschule am

Grossmünster, studierte in Lausanne, Paris und in Oxford. Als Zweiundzwanzigjähriger heimgekehrt, zogen ihn die hochgelehrten Bibelübersetzer zu Rate. Sie nannten ihn «Pictorius» als Anerkennung seiner grossen Lateinkenntnisse. Sein 1561 bei Froschauer erschienenes Wörterbuch «Die Teütsch spraach» über aussterbende Mundartausdrücke und Redensarten erntete noch im Deutschland des 19. Jahrhunderts grösstes Lob: Kein anderer Dialekt besitze einen vergleichbaren Fundus. Conrad Gessner hatte Maler dazu angeregt und dem über tausend Seiten dicken Werk das Vorwort geschrieben.

Als Pfarrer und mehrmaliger Dekan amtierte Maler in Witikon, Elgg, Bischofszell und in Winterthur, wo er als 65jähriger seine Lebensgeschichte aufschrieb, aber noch 1598 wegen seiner für die grosse Stadtkirche ungeeigneten Stimme nach Glattfelden versetzt wurde. Dort starb er recht betagt noch im gleichen Jahr – aber längst nicht so methusalemisch alt wie seine Vorväter.

Geblieben von ihm sind das Wörterbuch, zahlreiche lokalhistorische Beobachtungen und der verwunderliche Lebensbericht, der aber erst 300 Jahre später in den Zürcher Taschenbüchern 1885/86 im Druck erschien. Gleich am Anfang dieser Erinnerungen berichtete Maler die drolligsten Dinge, kaum zu glauben, wenn sie nicht aus dem Herz und der Feder dieses goldlauteren Wahrheitssuchers geflossen wären.

Balthasar Maaler, Josuas Grossvater, der Alte genannt, lebte in Villingen im Schwarzwald und heiratete als Siebzigjähriger noch eine zweite Frau, eine «gar junge Tochter, nicht älter als 17 Jahr». Auf Befehl des Kaisers war er als Hauptmann der schwarzwäldischen Hülfstruppen mit den Eidgenossen in die Burgunderkriege und nach Murten marschiert. Dort hatte er sich so wacker geschlagen, dass ihn der Kriegsrat «mit 1000 Stück Goldes begaben und versehen wollte». Doch Maaler antwortete, «seine liebe Obrigkeit habe ihn von keines Gold oder Gelds wegen, sondern von Ehre in diesen Kriegszug geschickt». Er und sein Sohn, der als Fähnrich dabei war, begehrten dafür die Rückgabe der Villinger Fahne, die ihnen die Rottweiler abgenommen hatten. Was dann auch geschah.

Doch nicht allein diese Episode machte den alten Balthasar zu einem denkwürdigen Mann. Als er nämlich hundert Jahre alt wurde, beschloss er, noch einmal zu Fuss nach Frankfurt an die Messe zu reisen. Auf dem Heimweg übernachtete er in einer Herberge, wo nicht hoch zu Ross ankommende Gäste «als unwert betrachtet wurden. Er ist in ein Bett gelegt worden, das gar unsauber und vom Schweiss und Unrat einer Person, so darin geruht und die Franzosenkrankheit oder bösen Blatern gehabt, ganz verwüstet war. Davon bekam er diese Sucht und Krankheit und brachte sie mit sich heim nach Villingen». Die Syphilis war dort noch so unbekannt, dass ihm niemand helfen konnte. Doch die Juden hätten ihn trotzdem verarztet und ihm dabei Haus, Hof und Silbergeschirr abgenommen, bis er mit

105 Jahren gänzlich verarmt auf den Kirchhof getragen wurde.

Als wenige Jahre darauf Maximilian von Österreich, römischer König, nach Villingen kam, erkundigte er sich bei Gelegenheit nach dem wackeren Hauptmann, der für ihn auch nach Murten so manches Mal den Mann gestanden hatte. Als er von Maalers Leiden und Sterben erfuhr, seien auf seinen Befehl alle Juden «mit Weib und Kindern, Hab und Gut» aus der Stadt gewiesen worden, wiewohl sie dort eine Synagoge besassen.

Auch die Geschichte von Josuas Vater, des Hauptmanns Sohn aus zweiter Ehe und ebenfalls Balthasar getauft, zeigt die Lebenskraft dieses einstigen Bauern- und Handwerkergeschlechts. Im aargauischen Königsfelden gab es ein Doppelkloster für Franziskaner und Klarissinnen. Dort trat der 1484 geborene Balthasar als junger Bursche in den Barfüsserorden ein. «Als nach wenigen Jahren Luther und Zwingli auftraten, ging ihm ein Licht auf, er hing die Kutte des heiligen Franziskus an den Nagel, heiratete die adelige Kloster-Äbtissin Küngolt von Gravenecke, zog mit ihr nach Zürich und erlernte ein ehrliches Gewerbe», nämlich Buchbinder. Aus eigenen Mitteln zog er als Freiwilliger mit Zwingli in die Kappelerkriege. Zum Dank und im Gedenken an seinen Vater, den befreundeten Hauptmann, schenkte ihm der Rat 1532 das Bürgerrecht. Er lebte noch über 50 Jahre als angesehener Handwerker und Zünfter und starb erst mit 101 Jahren anno 1585.

Christenlich Ordnung vnnd

satzung eines Ersamen Radts der Statt Zü-
rych / den gmeinen Kilchgang vnd Predigen/ die Wider-
töuffer / Frömbde Religion / Verbotten aberglöubig künst/
Kilchenrechnungen / Fyrtagen/ Gottslesteren/ Spilen/ Zů-
trincken/ beuogtet vnd liederlich lüt/ Kleider vnd Waffen ze-
tragen/ Hochzyt/ Schebeten vnnd zeeren/ Reißlöuffen/ Wů-
cher/ gält/ ouch Kernenzinß/ vnd fürkouff/ Die Ee vnd ander
derglychen stück/ belangend. Sampt der ordnung Synodi/
vornaher vßgangen. Yetzund aber alles in ein kurtzen begriff
verfaßt vnd zůsamen gestelt/ vnnd in truck geben. Da ein ye-
der Pfarrer sölliches by siner Pfarr/ Deßglychen vnsere
Vögt by den Vogtyen in jrem abzug lassen/
jre nachkommen das ouch zur not-
turfft zebruchen haben.

15  80.

Titelblatt des Zürcher Sittenmandats, 1580

Hexenwahn im alten Zürich

Die Hexerei wurde im Mittelalter als ein Pakt des Menschen mit dem Teufel angesehen. Dem mit dem Bösen Verbundenen verlieh er übernatürliche Kräfte. Hexen und ihre männlichen Kollegen, die Unholde, konnten allerlei üblen Spuk treiben und auf die Menschen Unheil herabbeschwören. Gegen Ende des vierzehnten Jahrhunderts war der Hexenglaube von Frankreich und Italien in die Westschweiz eingedrungen, wo er sich namentlich im Wallis und im Berner Oberland breit machte. Zürich blieb vom Hexenwahn lange verschont, da die Obrigkeit dem immer wieder auftauchenden Gerücht, es seien Hexen im Land, keine Beachtung schenkte. Hans Thürer, der in der Herrschaft Grüningen mehrmals solche Gerüchte ausstreute, wurde 1486 zum Geständnis der Lüge genötigt.

Gerücht führt zu Gewalt

Doch schon im folgenden Jahr ging es los. Die Herrschaft Andelfingen galt als wahres «Hexennest», und die Klagen nahmen kein Ende. 1487 wurde Margaretha

Stucki-Bucher aus Oberwil bei Dägerlen auf eine Verleumdung hin gefangen gesetzt. Der Rat versprach, ihr Leben zu schonen. Da gestand sie, sich schon vor Jahren dem Teufel ergeben zu haben; er sei als grosser Hund beim Bildstöckli zu Dägerlen zu ihr gekommen. Sie habe dann ein Rind und einige Töchter vergiftet, einige Männer gelähmt und einen mit einem Tirggel getötet. Der Rat erschrak und beschloss etwas Unglaubliches und in der Schweiz Einmaliges: Laut heute noch vorhandenem Gerichtsurteil wurde Frau Stucki vom Stadtbaumeister im Beisein eines Ratsherren eingemauert. Nur oben an ihrem Kerker liess man «ein löchly, um ihr des tags einmal zuo essen zu geben bis sy gestorben ist». 1493 wurde in Zürich die erste Hexe verbrannt: Aelly Schnyder aus Andelfingen, die unter der Folter gestand, dass der Teufel sie gelehrt hätte, den Kühen die Milch zu nehmen.

Ein grösseres Ausmass nahm die Hexenverfolgung erst nach der Reformation, in den letzten dreissig Jahren des 16. Jahrhunderts an. Damals wurden insgesamt 79 Personen der Hexerei angeklagt, von denen 39 auf dem Scheiterhaufen endeten. Der Hexenwahn hatte vor allem auf den benachbarten Bezirk Bülach übergegriffen. Als man an der Schwelle des 18. Jahrhunderts den Hexenglauben überwunden sah, flammte er unvermittelt im Rafzerfeld noch einmal auf. Im April 1701 beschuldigten Einwohner von Wasterkingen elf ihrer Mitbürger teuflischer Praktiken. Erste Ermittlungen durch den Gemeindepfarrer und den Landvogt genügten den Empörten nicht. Sie verlangten, das Übel der Hexerei sei zur Gänze auszutilgen, andernfalls sähen sie sich gezwungen, nach Amerika auszuwandern. Nun wurden die Verdächtigen nach Zürich gebracht und durch die peinliche Folter zum Eingeständnis ihres Bundes mit dem Teufel gezwungen. Eine Frau wurde verbrannt, sechs Frauen und ein Mann endeten auf dem Schafott.

Die Zürcher «Exzellenz»

Die Hauptrolle in dieser entsetzlichen Geschichte spielte ausgerechnet der hochverehrte Zürcher Kirchenvorsteher und Grossmünsterpfarrer Dr. Antonius Klingler. Er war der begabteste und beliebteste Volksredner seiner Zeit und ein gerühmter Theologe, liess sich als «Exzellenz» anreden und war dem finstersten Aberglauben verfallen. Er beschwor die bösen Mächte und schulmeisterte den Zürcher Rat.

Nach dem traurigen Tod der Wasterkinger Hexen, am Sonntag, dem 25. November 1701, nahm er im Rafzerfeld eine Zeremonie vor, die in der Geschichte der Zürcher Landeskirche einmalig ist: Eine Prozession zog von Hüntwangen zur Kapelle von Wasterkingen. Dort hielt Klingler als höchster Geistlicher des Landes eine erschütternde Busspredigt. Mit Chorälen und Fürbitten reinigte er die Gemeinde von den Schatten der

Vergangenheit. Durch den Geist der Kirche sollte den Praktiken des Teufels in dem «gottlosen Dorf» ein Ende bereitet werden. Doch bald darauf erhob sich auch in Klinglers Haus beim Grossmünster mit grossem Gepolter ein Teufelsspuk, der allerlei lausbubenhaften Unfug stiftete. Klingler wusste warum: Er hatte gerade mit der Abfassung eines gelehrten Buches über die zehn Gebote Mosis begonnen, was der Urböse offensichtlich verhindern wollte. Doch der wackere Gottesstreiter liess sich nicht ins Bockshorn jagen.

Gebete und Bibelsprüche mussten helfen. Um dem Gespenst auf die Schliche zu kommen, befahl er seinem im Hause wohnenden Gehilfen, dem jungen Pfarrer Bernhard Wirz, über den teuflischen Schabernack jederzeit genau Buch zu führen: Tag für Tag wechselten Hausgeräte und Gegenstände ihren Platz, zur Geisterstunde hörte man schleichende, aber auch polternde Schritte, und am folgenden Morgen lag Hausrat wild zerstreut auf dem Boden. Allein im September und Oktober 1702 wurden von Wirz etwa dreissig Untaten des rätselhaften Gespenstes notiert.

Nüchternheit nimmt Überhand

Doch in einigen klugen Köpfen zu Stadt und Land waren bezüglich der Hexerei schon erhebliche Zweifel erwacht. Im Januar 1702 waren einige Bürger von Rafz vor den Landvogt getreten: Sie hätten noch viel schlimmere Hexen als die von Wasterkingen. Vornehmlich die Hebamme Verena Werchmeister sei des Teufels. Doch die beiden Verhörrichter Füessli und Locher fanden an der Siebzigjährigen keinen Anhaltspunkt zur Inquisition. Schon im folgenden Juni wurde von den Wasterkingern in einer Elisabeth Keller die allergefährlichste Hexe erkannt. Doch auch diese wurde nach eingehendem Verhör als unschuldig wieder heimgeschickt. In Abständen von zwei Wochen gelangten nun die Wasterkinger mit immer neuen, noch wüsteren Hexen an den Landvogt, was aber gar nicht mehr an die Obrigkeit weitergeleitet wurde.

Das traurige Ende eines «Poltergeistes»

Auch im Antistitium war wieder etwas Ruhe eingetreten, nachdem Klingler seine Arbeit zu gutem Ende gebracht hatte. Erst im Herbst 1704 nahm der unheimliche Störefried seine lästerliche Tätigkeit wieder auf. Dieser «Fauststreich des Satans» muss eine Rache für die Hinrichtung der Wasterkinger Hexen gewesen sein! Immer mehr wurde der Herr Antistes mit seinem Kampf gegen den Poltergeist zum Gespött der Stadt. Doch da erkrankte der junge Pfarrer Wirz, verliess zur Erholung das Haus, und von diesem Tag an war auch der böse Hausgeist verschwunden.

Von seinen Freunden wurde nun dem Herrn Antistes schonend beigebracht, was man im Zürcher Oberdorf schon lange vermutet hatte: Der liederliche Wirz hatte das ganze Gespenstertheater gespielt, um damit seine nächtlichen Beziehungen zu Regula Klingler zu kaschieren, die als Nichte des Antistes ebenfalls im Hause wohnte.

Im Mai 1705 forderte der Antistes den Rat auf, den auf der Folterbank geständigen Wirz mit dem Tode zu bestrafen, da dieser aus Boshaftigkeit seinen untadeligen Ruf aufs schlimmste geschädigt hätte. Auch ohne diesen unbarmherzigen Befehl des Antistes hatte der Nichtswürdige sein Leben verwirkt. Zwei Tage darauf wurde das Todesurteil gefällt und Bernhard Wirz wegen Gotteslästerung, Vorspielung des Teufels und Unzucht alsogleich mit dem Schwert hingerichtet. Ein hartes Urteil, Schlusspunkt einer sehr bedenklichen Angelegenheit.

Noch acht Jahre lang kämpfte Klingler gegen Teufel und Belzebub, ohne sein einstiges Ansehen wieder zu erlangen. Als er 1713 starb, gehörten in Zürich die Hexenprozesse längst der Geschichte an.

Der Ratsherr Mönch

Held dieser Geschichte aus dem 17. Jahrhundert ist Hans Konrad Werdmüller, Sohn des wohlhabenden und ehrenfesten «Ysenkrämers» Hans Heinrich Werdmüller im Goldenen Schwert an der Marktgasse. Was er tat, war keine Heldentat, und doch verdient sie in unserer Zeit der religiösen Irrungen und Wirrungen in Erinnerung gerufen zu werden. Nach dem frühen Tod von Konrads Vater – er starb an einem Unfall – übernahm dessen Bruder, der Banner- und Ratsherr Christoff Werdmüller, nach einigen Bedenken der Mutter das Geschäft, die Vermögensverwaltung und die Erziehung des künftigen Erben. Der Leser mag in dieser Konstellation den Keim zu einem jener Familien- und Interessenkonflikte vermuten, die auch heute immer wieder zum Geschäft gehören. Dem war aber nicht so. Der Vormund wollte für sein Mündel nur das Beste und opferte dafür einen guten Teil seines eigenen Vermögens.

Fürs erste bestimmte er den erst 14jährigen Hans Konrad zum kaufmännischen Beruf und schickte ihn 1624 zur Erlernung alles Notwendigen nach Lyon, wie es in Handelskreisen üblich war. Die Mutter Dorothea, die sich mit dem Ratsherrn Escher in Stadelhofen wieder verehelicht hatte, war damit gar nicht einverstanden. Aber der Vormund setzte ihr den Kopf zurecht: Der Knabe müsse hinaus in die Welt und auf eigenen Beinen stehen lernen; am Rockzipfel der Mutter bleibe er so verträumt und verzärtelt, wie er immer noch sei. Von Norden blase ein rauher Wind – es war während des Dreissigjährigen Krieges –, das glaubensfeste Zürich und die Zürcher müssten jetzt gegen alle Versuchungen und Anfeindungen gewappnet sein.

In Lyon ging nicht alles nach Wunsch. Die Familie, in der Hans Konrad verkostgeldet war, dachte streng päpstlich, und die Minoriten des nahen Franziskanerklosters gingen bei ihr ein und aus. Dem Knaben gefielen die romantischen Mönchskutten ausnehmend gut, er bewunderte die Eloquenz der jungen Gottesstreiter, und auch auf der Gegenseite fehlte es nicht an Zuneigung, vor allem, seit bei Gelegenheit von der grossen Anwartschaft des Knaben die Rede gewesen war. Im Briefwechsel mit der strenggläubig protestantischen Mutter stand von den erwachenden Glaubenszweifeln kein Wort.

Erst nach zwei Jahren, als Hans Konrad als Novize ins Kloster eingetreten war, brachten ihr schweizerische Kaufleute Kunde von der heimlichen Bekehrung. Die Bestürzung war ganz gewaltig, nicht nur in der Familie, sondern auch beim Rat, bei der Geistlichkeit und bald in der ganzen Bürgerschaft. Diesen Triumph mochte man den Päpstlichen nicht gönnen, und man bot alles auf, den jugendlichen Schwärmer den begierigen Klauen der Pfaffen wieder zu entreissen.

Der hilfreiche Vetter

Als alle vom Rat empfohlenen Mittel sich als fruchtlos erwiesen, entschloss sich der von Schuldgefühlen umgetriebene Vormund, den Knaben mit Güte, List oder Gewalt wieder heimzuholen. In Hans Konrads jungem Neffen Kaspar Schärer in St. Gallen, der auch zum katholischen Glauben konvertiert war, fand er als schlauen und wendigen Unterhändler den Vertrauensmann, dem auch die Mutter, Frau Dorothea Escher, zustimmte. Der Pannerherr stattete ihn mit hinreichenden Mitteln aus und entliess ihn Ende April 1626 nach Lyon, um sein Mündel auf irgendwelche Weise entführen zu lassen.

Am 8. Mai kam Post von Schärer: Er habe den Vetter Konrad bereits besucht und überlege sich jetzt, wie man die Sache am besten bewerkstellige. Er brauche dazu eine unumschränkte Vollmacht, fürs erste aber mindestens 400 Louisdor, denn «einen verrosteten Wagen müsse man tüchtig schmieren, so man ihn wieder wolle gehen machen». In Lyon seien auch die Mönche richtige Krämerseelen, nicht ausgenommen der geldgierige Franziskaner-Prior.

Bald meldete Schärer eine ganze Menge von weiteren Schwierigkeiten: Das Kloster liege, von einer Ringmauer umgeben, einsam auf einem hohen Berge und der Pförtner sei ein unleidiger Kerl, mit dem nicht so leicht ein Kartenspiel zu machen sei. Der Weg dahin sei steil und sehr beschwerlich. Das grösste Hindernis sei aber die fromme Beharrlichkeit des noch nichtsahnenden Knaben und seine grosse Liebe zum Klosterleben. Nur mit der heimlichen Hilfe einiger Klosterbrüder könnte er eine Entführung wagen, wozu aber viel Geld nötig sei. Noch einmal griff der Pannerherr tief in seine Tasche.

Zwei Wochen darauf schlug Schärer Alarm: Der Pater Conrector habe ihn gebeten, die Zürcher von der Conversion zu unterrichten. Wenn der Knabe nur erst Profess getan, so müsse sein Vermögen wohl oder übel herausgegeben werden. Sollten sich die Zürcher widersetzen, würde sich Ihre königliche Majestät in einer Weise bei der Zürcher Regierung verwenden, der nichts entgegenzustellen sei. Dem getreuen Schärer wurden neue, vertrauliche Geldsendungen überwiesen, vermutlich durch den mit der Mutter verschwägerten Textilhändler Caspar Escher an der Münstergasse, der einen Fussboten zu seiner Lyoner Filiale unterhielt. Die Zeit drängte, und es galt rasch zu handeln. Jeder von Lyon eintreffende Handelsmann wurde nach dem Stand der Dinge befragt. Keiner wusste etwas, bis einer berichtete, der Novize Werdmüller habe vor dem

Hochaltar vor vielen Gläubigen feierlich Profess getan, der Weltlichkeit abgesagt und den Namen Johannes Baptista angenommen.

Das Lyoner Testament

Das Kloster, eben im Umbau begriffen und knapp bei Kasse, zögerte nicht, aus der so gut eingefädelten Geschichte endlich den erwarteten Profit zu ziehen: Als ein von der sündigen Welt Abschied Nehmender trat der Franziskanerbruder in Begleitung seines Priors im November 1626 vor den königlichen Notar der Stadt Lyon und unterzeichnete sein Testament: Fünf Achtel seines Vermögens fallen auf seinen lieben Vetter Kaspar Schärer von St. Gallen, je ein Achtel an seine Mutter Dorothea Äscherin, seinen Vormund und die Zürcher Regierung als Dank und Anerkennung für das Verständnis in der ganzen Angelegenheit.

Von diesem Vermächtnis erfuhr der Zürcher Rat erst durch einen Brief Schärers vom 20. April 1627 mit beigelegter, beglaubigter Testamentsabschrift. Die vom Testator festgesetzte Frist von 6 Monaten sei nun abgelaufen und der Vollziehung stehe nichts mehr im Wege. Kein Zweifel, der Vertrauensmann war zum Strohmann des Klosters geworden und verband damit sicher auch eigene Interessen.

Wie zu erwarten war, wurde das Testament des Johannes Baptista in Zürich weder vom Vormund noch vom Rat anerkannt, vorerst mit der naheliegenden Begründung, der Testator sei noch minderjährig – allerdings nicht mehr lange. Erst im November 1628 wurde er majoren und berechtigt, ein neues, nun gültiges Testament zu erlassen. Mit vielem Wenn und Aber zog sich der Rechtsstreit zuerst monate-, dann jahrelang hin, bis Schärer als Haupterbe selber gegen Zürich klagte. Vor dem Rat zu erscheinen wagte er nicht, erklärte sich aber bereit, gegen ein Douceur von 100 Dukanten auf alle weiteren Ansprüche zu verzichten.

Unterdessen war der Mönch längst volljährig geworden. 1634 reiste er in Begleitung zweier Ordenspater nach Luzern, um beim katholischen Vorort diplomatische Hilfe gegen die Zürcher Regierung zu holen. Allein Zürich antwortete, nach eidgenössischem Recht müsse der Kläger seine Sache vor das Gericht seines Heimatortes bringen, das dem Zürcher Bürger und Kaufmann Hans Konrad Werdmüller vom Goldenen Schwert jederzeit offen stehe. Sicherheitshalber stellte die Regierung auf Wunsch des Vormunds und der Mutter an den Berner Rat das freundeidgenössische Gesuch, falls ein gewisser Hs. Konrad Werdmüller von Zürich, jetzt J. Baptista, durch ihr Gebiet reise, diesen anzuhalten und umgehend nach Zürich zu bringen.

Diese Kunde muss auch nach Luzern gekommen sein, was die Mönche veranlasste, auf ihrer Heimreise bernisches Gebiet zu umgehen.

Eines stellte sich später heraus: Beim Anblick des mittelalterlichen Luzern mit seinen Brücken und dem See hatte Konrad Heimweh nach Zürich und seiner sich grämenden Mutter bekommen. Das bemerkte man auch in Lyon. War es da nicht gefährlich, ihn in seine Vaterstadt reisen zu lassen? Vorsicht war gewiss am Platz. Hatte man schon so lange auf das Geld gewartet, wollte man es sich jetzt von den ketzerischen Zürchern nicht doch noch abzwacken lassen. Vorerst war der Heimwehkranke auf seine Glaubensfestigkeit und Gelöbnistreue zu prüfen. Dazu hatte er nach Rom zu reisen, wo er sich am 30. März anno 1637 in einer wissenschaftlichen Prüfung über die katholischen Glaubensthesen die grosse Zufriedenheit des Papstes und der Kardinäle erwarb. Vor allem sein glühender Eifer überzeugte. Darauf gestützt erteilte ihm das Römische Heilige Inquisitions-Collegium die Erlaubnis, sich in ketzerische Gebiete zu begeben, um dort mit Standfestigkeit und Treue für die Sache der christlichen Kirche zu kämpfen.

So langte denn der vom Papst ausgesandte Glaubensbote Pater Johann Baptista am 16. Juni 1637 in Zürich an. Er war unterdessen 27 geworden, eine eindrückliche Erscheinung, die in ihrer stolz und herausfordernd gezeigten Ordenstracht schnell zum Stadtgespräch wurde. Ähnliches hatten die Zürcher noch nie gesehen, und der Renegat präsentierte sich in den Gassen, vor dem Rathaus und dem Grossmünster mehr, als nötig war. Quartier hatte er bei seinem Stiefvater, dem Ratsherrn Hans Caspar Escher, genommen, wo ihn die Mutter mit Freudentränen umarmte: Endlich wieder zuhause! Aber alles Bitten, Betteln und Zureden nützte nichts. Im Gegenteil, er suchte sichtbar Streit, namentlich mit Geistlichen, die er mit seiner Redegewandtheit oft in die Enge trieb.

Als letztes Mittel, den starren Mönchssinn zu brechen, musste der hocherleuchtete Gottesmann und Vorsteher der zürcherischen Kirche, der Herr Antistes Professor Johann Jakob Breitinger, auf den Plan. Zürich hatte keinen Besseren, er war der beste Redner und einflussreichste Schweizer seiner Zeit, selbst dem Zürcher Rat hatte er schon erfolgreich die Stirn geboten. Da er eben zur Kur in Baden weilte, vereinbarte man auf den 16. Juli ein Treffen auf der Burg Regensberg. Genau das hatte sich der Mönch gewünscht: Den wildesten Stier einmal bei den Hörnern zu packen, deutsch und deutlich, aber auch lateinisch oder französisch, wohin der Schriftgelehrte auch ausweichen wollte. Breitinger erschien mit dem Professor der lateinischen Sprache Jakob Wolf und dem Amtmann von Regensberg; Werdmüller brachte seinen Stiefvater, den Ratsherrn Escher, und den Vormund, Pannerherr und Ratsherr Werdmüller, mit. Die Disputation dauerte von sieben des Morgens «in aller Fründschaft» bis in die Nacht hinein. Alles umsonst! Man ritt in die Stadt zurück, sprach von der baldigen Erledigung der Erbschaftsangelegenheit. Erleichtert nahm der Mönch da und dort Verbindung mit seinen Jugendfreunden auf, zu denen auch die schöne und kluge Jungfer Anna Kellerin, Stieftochter seines Vormunds, gehörte. Die Werdmüllers sahen das gern, und auch der Herr Antistes fragte ihn gelegentlich, ob er sich auch in netter, liebenswürdiger Gesellschaft befinde. Er möchte sich seinen kurzen Aufenthalt so angenehm wie möglich machen, denn Aussicht, einmal wiederzukommen, bestehe leider wohl kaum. Viele von Konrads einstigen Kameraden waren bereits verheiratet und luden ihn gerne zu Tisch und familiärer Geselligkeit. Konrad fühlte sich dabei offensichtlich recht wohl, doch die Tage bis zur geplanten Abreise waren gezählt. In einem Brief hatte er seinem Prior die baldige Rückkehr angekündigt.

Holzschnitt des Zürchers Jost Amann
Nürnberg, um 1590

Da geschah ein Wunder, als wäre es wie eine Erleuchtung vom Himmel gekommen. Eines Abends beim Einnachten bliesen von Turm zu Turm die Feuerhörner. Die Löschmannschaften liefen vom Essen weg nach Stadelhofen hinaus zum Haus des Ratsherrn Escher, wo schwarzer Rauch aufstieg. Der Brandherd befand sich beim Hintergebäude: Im Garten stand in Gedanken versunken der Mönch Baptista in bürgerlicher Kleidung vor einem brennenden Holzstoss, auf dem sein Mönchshabit eben in Asche zerfiel. Alsbald gab er die Verlobung mit der Anna Keller bekannt und lud auf den Oktober 1637 zur kirchlichen Trauung und einer solennen Hochzeitsfeier: «Wir schlachten ein Kalb!» Nirgends ist aufgezeichnet, wie es zu diesem Sinneswandel gekommen war. In der Stadt wurde gemunkelt, der Herr Antistes hätte die Hand im Spiel gehabt und Amors Pfeil beflügelt.

Gross war die Erbitterung in Lyon, aber auch in Luzern und in der ganzen katholischen Eidgenossenschaft. Die Regierung in Zürich musste sich manche Beschimpfung gefallen lassen. Auch der Vetter Schärer tauchte wieder auf, wies das Testament vor und versuchte Hans Konrad Werdmüller jahrelang zu erpressen.

Der zum Glauben seiner Väter Heimgekehrte erwies sich als friedliebender, nobler Charakter, führte das väterliche Geschäft mit viel Geschick und wurde von der Schmidenzunft 1656 in den kleinen Rat gewählt, wo er bis zu seinem Tod blieb. Den bald verbreiteten Übernamen «Ratsherr Mönch» wurde er nie mehr los. Er starb am 20. Juli 1782 als ein allgemein geschätzter Mann in seinem 72. Lebensjahr. Er wurde in der Kirche St. Peter beigesetzt und sein Grabstein trug die Inschrift:

«Ich leb, aber nicht ich, in mir lebet Christus.»

Tips und Tricks für das aufgeklärte Frauenzimmer

Einen standesgemässen Haushalt zu führen, war für die Dame des 18. Jahrhunderts keine einfache Sache. Weder gab es Haushaltungskurse noch entsprechende Frauenzeitschriften. Einen umso grösseren Erfolg, auch bei den vornehmen Zürcher Familien, hatte das 1755 bei Cotta erschienene Werk «Auserlesene Künste für das Frauenzimmer». Ob die folgenden Tips und Tricks aber auch angewendet wurden, ist eher fraglich:

Die Haar an einem Ort wegzubringen

Zerstoss Katzenkoth und feuchte ihn an mit scharfem Essig, lass die helfte davon wieder trocknen, reibe oft die Stätte, und schmiere das angefeuchtete wieder drauf, so gehet das Haar hinweg und wächst nimmer.

Haare wachsend zu machen

Nimm Bienen, so viel dir beliebt, dörre und pulvere sie, oder verbrenne sie zu Pulver, und streue solches auf kahle oder haarlose Orte des Menschlichen Leibes.

Eine magere Henne in einer Viertelstunde fett zu machen

Nimm eine magere Henne und ausgebratenes Hühnerfett, giesse davon der Henne, so viel zu kannst in den Hals, thue sie hernach in ein Gemach, jage sie darinnen so lange herum, bis sie erhitzt und zu Boden fällt, als dann legt sich das eingegossene Fett zwischen Haut und Fleisch, schneide ihr alsbald die Gurgel ab ... so tauget sie zu essen.

Eine Gans zu braten, und doch lebendig aufzutragen

Nimm eine Gans, berupfe sie bis auf den Hals und Kopf, mache rings um sie ein Feuer nicht allzu nah auf, dass sie nicht ersticke, sondern, dass sie allgemach brate, setze zu ihr etliche Gefäss, mit Wasser, Honig und Saltz vermischt, damit sie sich labe, darnach nimm Äpfel, röste sie in Schmalz, betreuffe die Gans damit, rucke das Feuer allgemach näher zu ihr, und wenn sie anfängt zu braten, lauft sie rings im Feuer herum, und will davon, weil sie aber vor dem Feuer nicht fort kann, trinket sie ohne Unterlass, sich zu laben, und wenn sie heiss wird, bratet sie auch inwendig, du musst ihr aber ohne Unterlass das Herz und Kopf kühlen, wenn sie dann anfängt zu zappeln, nimm sie weg, leg sie in eine Schüssel, gib sie den Gästen zu essen, sie ist gebraten, und lebt noch, und schreyet, wenn man von ihr schneidet.

Der Pfarrer
Zeichnung für den Ofen in der Saffran-Zunft
Johann Melchior, 1722

Das Regiment von Gottes Gnaden

Im Sommer 1962 kam ein ungewöhnlicher Band auf den Büchermarkt, dick und gross wie das Telephonbuch, aber in vornehmes blaues Leinen gebunden und mit dem silbernen Zürcher Wappen auf dem Deckel: «Die Zürcher Ratslisten 1225 – 1789», herausgegeben vom Staatsarchiv des Kantons Zürich. Keine spannende Lektüre – oder doch? Mit detektivischer Akribie wurden aus Pergamenten und Protokollen die Namen jener zusammengetragen, die ein gutes halbes Jahrtausend lang über Zürich und die Zürcher zu Rate sassen. Jahr um Jahr eine Druckseite füllend, vom Anfang der selbständig werdenden Stadt bis zur Franzosenzeit, in der die regierenden Zünfte aufgehoben und die Vorherrschaft der Stadt gebrochen wurde. 500 Jahre Kampf um Freiheit, Recht und Ordnung, wobei man über diese Begriffe freilich nicht immer gleicher Meinung war.

Die frühesten Ratslisten haben sich nur lückenhaft erhalten, und auch über das Auswahlprinzip dieser Auserwählten weiss man heute nichts Genaues mehr. Eines Tages im Frühling 1225 müssen sich Ritter und Bürger an einen Tisch gesetzt haben, um die Zügel der herrenlosen Stadt in die Hand zu nehmen. Merkwürdige Namen tauchen in diesen ersten Verzeichnissen auf: die Edlen de Glarus, in Curia und de Höttingin sassen neben einem Hugo de Orlikon, dem Otto ab dem Tor und dem Ruodolf ab dem Stege, dem Uolrich Bawarus, dem Oelrich Schwartz, genannt Niger. Die wenigsten haben eine weitere Spur hinterlassen, bis auf einen «advocatus Hug Bruno», der im Sommer 1525 dem Rat vorsass. Er war der Vorfahre jenes Rudolf Brun, der gut hundert Jahre später mit den Handwerkern das Rathaus stürmte und sich selber zum Ritter und ersten Bürgermeister machte: Selbsthilfe eines kleinen, beleidigten Junkers, der sich durch eine üble Wirtshausprügelei den Aufstieg zu Amt und Würde versperrt hatte.

Auf über 600 Seiten verfolgen wir das Auf und Ab, das Wohl und Wehe der kleinen Stadt, deren geschichtsträchtige Vergangenheit sich immer auch in den Ratslisten spiegelte. Nach dem alten Zürichkrieg von 1443 fehlte im folgenden Jahr die Hälfte der bisherigen Ratsmitglieder. Welche waren mit dem Bürgermeister Rudolf Stüssi gefallen, welche hatten der fanatisierten Stadt den Rücken gekehrt? Aus der Schlacht bei Kappel 1531 kehrten 9 Ratsherren nicht mehr heim, unter ihnen der Pannerherr Johann Schwytzer, der Schützenfähnrich Jos von Kuasenn und der Hauptmann Jacob Fryg. Umgekommen «pro deo et patria».

Nach dem gewaltsamen Tod des machthungrigen Bürgermeisters Hans Waldmann vor 500 Jahren bis zum Untergang des Ancien Régime im Frühling 1798 wurde der Rat so zusammengesetzt, dass auch der kleine Handwerker durch seinen Zunftmeister noch einen gewissen Einfluss auf das Regiment hatte. Doch dieser entglitt seinen Händen zusehends. Mehr und mehr ging die Macht an einige wenige «ratsfähige» Geschlechter über, die bereits über Erfahrung, Ansehen und die nötige Bildung verfügten. Grundsätzlich sassen in der Ratsstube neben dem Bürgermeister 26 Ratsherren: einerseits die 13 Zunftmeister, anderseits 2 Vertreter der vornehmen Constaffel-Gesellschaft und 11 Abgeordnete des Grossen Rates. Infolge der Vereinigung der Leinen- und Wollweber anno 1440 wurden die beiden Ratshälften um je einen Sitz vermindert.

Doch diese ausgewogene Aufteilung nach Gruppeninteressen war noch nicht alles: Seit Rudolf Brun besass Zürich jeweils zwei solche Räte und ab 1384 auch zwei Bürgermeister. Die eine «Rotte» regierte im ersten, die andere im zweiten Halbjahr, was verhinderte, dass eine zu mächtig wurde. Gewählt wurde der «Natalrat» jeweils an Weihnachten, der «Baptistalrat» am 24. Juni, dem Tag Johannes des Täufers. Hohe Feiertage gaben dem neuen Amtsantritt seine besondere Weihe. Da die Ratsherren, einmal in Amt und Würden, jedes Jahr stillschweigend bestätigt wurden, blieben sie es lebenslang. Es verging kaum ein Jahr, dass nicht einer oder einige der Ratsherren altershalber im Amt starben. Allein der Natalrat verlor im Jahre 1556 6 seiner 24 Mitglieder. Die Ersatzwahl fand oft noch am gleichen Tag, zumeist aber am folgenden Tag statt, und zwar aus den am Rat beteiligten Gremien.

Nach einer genaueren Untersuchung gab es in der Zeit von 1550 bis 1798 insgesamt 925 Ratsherren, von denen 606 – also fast zwei Drittel – im Amt starben. Nur 62 waren wegen Altersbeschwerden beizeiten zurückgetreten, 6 wurden wegen erwiesener Unfähigkeit abgewählt, 19 wegen Verstössen gegen Gesetz und Moral abgesetzt. Die übrigen traten wegen der Wahl in ein anderes Amt, zum Beispiel als Landvogt, in Ehren zurück.

Unersetzlich und ungesetzlich

Der «Rat der Alten» galt seit frühesten Zeiten als besonders weise, lebenserfahren und gerecht. Doch da gab es auch Überalterung und den Starrsinn der Vergreisung. Der Constaffelherr Hans Escher sass bis 1628 volle 57 Jahre im Amt, bis er mit 88 Jahren starb. Der früh erblindete Seidenherr Jakob Escher liess sich bis zu seinem Tod im Mai 1698 volle 16 Jahre lang täglich in den Rat führen. Die beiden fühlten sich unersetzlich.

Bemerkenswert sind jene 19 Fälle, in denen Ratsmitglieder ausgestossen wurden. Dahinter steckten Delikte, die man dem Volk möglichst verheimlichte: Diebstahl, Veruntreuung, Betrug, Bestechung, Wucher und allerlei Verstösse gegen die Sittlichkeit. Am häufigsten waren Veruntreuungen in den jedem Ratsherrn zur Aufsicht anvertrauten Ämtern: Hans Haab vergriff sich 1551 an der Kasse des Kornamtes, Conrad Morff verwaltete 1643 das Siechenhaus St. Jakob zu seinen Gunsten, Hans Jacob Leu wurde 1653 wegen ungetreuer Führung des Salzamtes zur Rechenschaft gezogen. Rudolf Kamblis Fall muss dem Rat besonders peinlich gewesen sein: Für seine Bereicherung aus der Armenkasse wurde er 1548 heimlich hingerichtet. Weitere Finanzvergehen liessen sich die folgenden Herren zuschulden kamen: Hans Blass und Jacob Wegmann verloren ihren Ratssessel 1522 wegen Wucher. Jacob Grebel nahm Bestechungsgelder an und wurde 1526 enthauptet, während sein Bruder, der ebenfalls im Rat sass, nach Rapperswil entkam. Hans Heinrich Holzhalb war 1642 bis über die Ohren verschuldet, Hans Wägman machte 1571 Konkurs. Zu dieser Gruppe ist auch Felix Weingartner zu zählen, der 1519 wegen Falschspielerei vor Gericht stand, und Conrad Göldli, der 1523 in einen Soldprozess verwickelt war, obwohl in Zürich zu Zwinglis Zeiten das Reislaufen streng verboten war. 1529 und 1530 mussten Heinrich Rubli und Felix Brennwald als heimliche Gegner der Reformation ihren Abschied nehmen.

Vergehen gegen Sittlichkeit und Moral wurden seit der Reformation besonders hart bestraft. Wegen Ehebruch gingen 1623 Konrad Kambli und 1645 Friedrich Waser ihrer Ämter verlustig. Eine ganz böse Sache muss der Fall des Mediziners Jacob Ziegler gewesen sein, der 1646 «wegen Unzucht und Gebrauchs ungebührlicher Arzneimittel» – vermutlich zur Abtreibung – seinen Doktorhut und den Ratssitz abgeben musste.

Macht und Pracht hat grosse Acht

Um die Mitte des 17. Jahrhunderts begann jene Entwicklung, die in steilem Anstieg zur ausschliesslichen Geschlechterherrschaft führte, wobei die H. H. Bürgermeister und Räte «von Gotts gnaden» höhere Berufung für sich in Anspruch nahmen. Eine Schulbildung für den Handwerker fanden sie nicht nötig, da dieser sie für seine Arbeit nicht brauche. Ihre besondere Würde zeigte sich auch in der Amtstracht. Wir sehen sie vor uns, die Hohen Herren in ihren gepuderten Perücken, zugeknöpften Westen, langen Umhängemänteln und der riesigen, steifen Halskrause, die zum Essen verlängerte Löffelstiele nötig machte. Ihr ganzes Auftreten war erhaben und unnahbar: Patriarchen und Aristokraten, die sich selber erhoben hatten. Nur kniefällig konnten die Bürger gelegentlich einen untertänigen Wunsch anbringen.

Als Beispiel diene jene Supplikation, die um 1760 die Anwohner der Marktgasse an die Stadtväter richteten: Die Gemüsebrücke war damals der einzige befahrbare Flussübergang. Täglich suchten Dutzende von Kutschen und Fuhrwerken den Zugang durch die enge Marktgasse. Die Fuhrleute schlügen im Gedränge einander die verkehrten Geisselstöcke über den Kopf, dass das Blut in die Höhe springe. Anno 1726 sei eine ehrliche Bürgersfrau in der Gasse verkarret und anno 1732 eine Dienstmagd von einem Güterwagen so elendiglich zugerichtet worden, dass sie zwei Tage darauf im Spital starb. Vor wenigen Wochen sei da ein Trottbaum umgefallen, und wenn der liebe Gott nicht sonderlich gegaumet hätte, so wären wohl 20 Mann ums Leben gekommen. Kurz, durch die Verbreiterung der Marktgasse müsse dem Elend endlich Abhilfe geschaffen werden.

Diese Eingabe der «unterthänigsten Bürger» umfasste mehrere handgeschriebene Seiten, vermutlich wie viele andere auch, alles mit dem nötigen Respekt, wobei schon die Anrede zeigte, wie man mit der hochwohllöblichen Obrigkeit zu verkehren hatte: «Gnädiger Herr Bürgermeister! Hochgeachtete, Wohledelgeborene, Wohledelgestrenge, Beste, Ehren- und Notfeste, Fromme, Vornehme, Vorsichtige, Hoch- und Wohlweise, Insbesondere Hochgeehrte, Grossgünstige, Gnädige liebe Herren und Vätere! Die Höchstberühmten Gnaden und mildeste Guttätigkeit Euer MGn. Hrn. mit deren reichen Ausfluss und Ausguss Sie der göttlichen Majestät als Dero Ebenbild und Statthalterin auf Erden nachahmen und dadurch Ihr ruhmliches Lobgericht durch die ganze Stadt der Welt bekannt und eclatant machen, mehret bey uns die feste und beste Hoffnung, es werden MnGnHrdn. die Strahlen auch auf uns ihre getreuen Bürger werfen, die in aller Unterthänigkeit mit dieser Supplikation vor Euch gnädige Herren und Väter erschienen.»

Die geplagten Marktgässler hatten mit ihrer Bittschrift keinen Erfolg. Erst Jahrzehnte später – die gnädigen Herren waren schon lange unter dem Boden, Gott segne ihr Sterbliches! – wurde das Limmatquai fahrbar gemacht und die Münsterbrücke 1838 dem Fuhrverkehr feierlich eröffnet. «Es war ein Fest, wie auch die Ältesten unter uns noch keines erlebt haben und von dem man noch in hundert Jahren reden wird.»

Der Neptun-Brunnen auf dem Münsterhof

Um 1750 stellten die Zürcher fest, dass ihre Stadt eigentlich noch recht mittelalterlich aussehe und von Bern an prachtvollen Häusern weit übertroffen werde. An neueren Profanbauten erfüllte einzig das Rathaus einige Repräsentationsansprüche. So erstellte man in zwei Jahrzehnten eine ganze Reihe von Barockbauten, von denen das Zunfthaus zur Meisen am Münsterhof am prächtigsten ausfiel. Wie in anderen Städten gehörte auch in Zürich ein Brunnen als Denkmal der Kunstliebe auf den grössten und prächtigsten Platz. Der Auftrag erging 1765 an den Tiroler Bildhauer Friedrich Schäferle. Was er am Ende des folgenden Jahres vorzeigte, war ein wahres Prachtstück in reichstem Rokoko: die grossartigste Brunnenanlage in der ganzen Schweiz.

Als Vorbilder dienten vermutlich die Augsburger Brunnen, doch im Aufbau war keiner so ähnlich wie der Rossmarktbrunnen in Stettin. Drei von Ketten umrahmte Stufen führten mitten auf dem Münsterhof zum Brunnenbecken, das im Zentrum eine achteckige Säule trug. Darauf ruhte eine kupferne Muschel, in der auf einem Felsbrocken Neptun thronte. In der Rechten schwang er den Dreizack, den linken Arm hatte er auf ein Gefäss gestützt, aus dem Wasser in die Muschel und darüber hinaus in das Brunnenbecken fliessen sollte. Neptun zu Füssen wanden sich allerlei Tritonen und Nymphen, Delphine und Seepferde, aus deren Nüstern weitere Wassergüsse erwartet wurden. Zwischen den muschelförmigen Ausbauchungen des Brunnenbeckens erhoben sich die Statuen der vier Jahreszeiten. Mit der «vom Hütliberg» her erstellten kupfernen Wasserleitung soll die ganze Anlage rund 100 000 Gulden gekostet haben.

Doch die begeisterten Zürcher machten alsbald eine fatale Entdeckung: Der Brunnen bekam viel zuwenig Wasser, «seine Delphine haben umsonst die trockenen Nüstern aufgesperrt». Die Zürcher blieben mit ihrem Kummer nicht allein, denn es war die Zeit, in der jeder Kopf von Welt einmal in Zürich gewesen sein musste. Das tat auch der damalige Modedichter Christoph Martin Wieland 1768. In seinen «Abderiten», einer Art neuer Schildbürgerstreiche, beschrieb er die Zürcher Episode, die dadurch in die Weltliteratur einging. Auch das neunjährige Wunderkind Mozart, das damals durch Zürich gekommen war, sah die Bescherung. Auf die Frage seines Gastgebers Salomon Gessner, ob er denn wisse, weshalb der Brunnen kein Wasser habe, soll der quirlige Wolfgang die Antwort gegeben haben: «Weil die Seepferde einen Heuschnupfen bekommen haben.»

Neptun-Brunnen
Zeichnung nach alten Stichen von Wilhelm Klink, 1921

Der Rokokomeister Schäferle stand schon in jungen Jahren in hohem Ansehen. Alle bedeutenden Schweizerstädte suchten ihn für sich zu gewinnen. Dass er sich als überzeugter Katholik 1762 für einen ersten Auftrag in Zürich entschied, ist einem seltsamen Entgegenkommen des in Glaubensfragen sonst so intoleranten Rates zuzuschreiben: Auf Staatskosten wohnte Schäferle im vornehmen Hotel zum Schwert am Weinplatz und genoss zudem das Recht, an jedem Sonntag mit einem Pferd aus dem Marstall des Rats ins Kloster Fahr zur Messe zu reiten. So finden wir in den Bauakten immer wieder den Eintrag «Schäferle. 1 Ross für in das Fährli».

Gegen 1780 liess Schäferle sich in Littau bei Luzern nieder und eröffnete mit seiner Frau, der bekannten Bildhauerin Theresia Frank, eine kleine renommierte Kunstschule. Er arbeitete nun für Innerschweizer Kantone, für die er vor allem Heiligenfiguren lieferte. Für seine Holzplastiken des Niklaus von Flüe wurde er als «virtuoser Bildschnitzer» gerühmt. Er starb, von den Luzernern als einer der ihren betrauert, im Dezember 1786.

«Glücklich ist...»

Trotz aller Bemühungen kam der Zürcher Brunnen nie richtig zu Wasser. In der Franzosenzeit wurde in seiner Nähe ein Freiheitsbaum aufgestellt. Als heimliche

Franzosenfeinde diesen nächtlicherweise umschlugen, wurde ausgerechnet die Figur des Frühlings «zerquetscht». Die Knaben von der nahen Fraumünsterschule, die das leere Brunnenbecken als willkommenen Spielplatz benützten, gingen mit den Allegorien auch nicht gerade schonungsvoll um. So trug man das etwas zu gross geratene Denkmal zürcherischen Selbstbewusstseins 1811 still und leise wieder ab und verwendete das Bassin für den Brunnen auf der Stüssihofstatt, wo es heute noch steht. Die übriggebliebenen Statuen wanderten in den Hausflur des damaligen Stadthauses und wurden später an einen «Liebhaber von Altertümern» ins Ausland verkauft.

Es gehörte in Zürich zum guten Ton, dass man über derartige Missgeschicke – seien sie privater oder öffentlicher Natur – einfach nicht mehr sprach. Man freute sich des Lebens und vergass die Sorgen, die es auch in Zürich allenthalben gab. Dies bewies J. Diggelmann am Münsterhof, der als «Oncle» seinem «Nièцechen» Anna Dorothea Noz schon 1820 einen Vers ins Album schrieb, der erst 50 Jahre später durch die Operette «Die Fledermaus» weltberühmt wurde:

«Glücklich ist, wer vergisst,
das, was nicht zu ändern ist!»

Freud und Leid der Stadttrompeter

Sankt Peter, die älteste Kirche der Stadt, älter als das Fraumünster und das Grossmünster, diente während rund tausend Jahren auch nichtkirchlichen Aufgaben der Stadt. Vom Turm aus wurde die Stadt feuerpolizeilich überwacht, und er war auch tags- und nachtüber Verkünder der richtigen Zürcher Zeit.

Kaum in Erinnerung geblieben ist die episodenreiche Existenz der Zürcher Stadttrompeter, die Nacht für Nacht von den Turmerkern ihre zwei- oder dreistimmigen Choräle über die Stadt bliesen. Sie waren nach der technischen Verbesserung der Trompete zu Beginn des 16. Jahrhunderts aus der honorigen Gilde der Stadtpfeifer hervorgegangen und unterstanden direkt dem Rat. Im Sommer hatten sie sich abends auf neun Uhr in die hochgelegene Turmstube zu begeben und nach dem letzten Glockenschlag in allen Richtungen eine Viertelstunde lang «die Nacht anzublasen». Nun wurden der Grendel zugesperrt, die Stadttore knarrend geschlossen und der letzte Zecher auf die Strasse gesetzt. Bald sank die Stadt in Schlummer, nur oben im St.-Peter-Turm brannte noch ein spärliches Talglicht. Die Stadttrompeter, die zugleich als Hochwächter dienten, waren auf ihrem Posten. Zum Zeichen ihrer Wachsamkeit hatten sie nach jedem Stundenschlag eine passende Weise zu trompeten und schliesslich um drei Uhr morgens «den neuen Tag anzublasen». Für jeden unterlassenen Stundenruf wurde ihnen von der ohnehin kargen Bezahlung noch ein Schilling abgezwackt.

Im Winter, wenn es im Turm oben empfindlich kalt war, begann der Trompeterdienst schon abends um acht und dauerte bis vier Uhr. Trotz ihrer wenig beneidenswerten Situation gehörten die Trompeter zu den angesehensten Personen, vor allem bei besonderen Festlichkeiten oder etwa beim Empfang des venezianischen Gesandten, wo sie in ihren schmucken Kostümen auftraten: in weissen Strümpfen, schwarzen Hosen und einem weiss-blauen Mäntelchen mit hinten hoch aufgeschlagenem spanischem Kragen. Dann waren alle Sorgen vergessen, und auch die Herren der Obrigkeit zeigten sich gelegentlich von ihrer freigebigsten Seite.

Doch schon in den Ratsakten von 1506 ist ein gewisser «trummeter Eberli» übel vermerkt: wegen dringend nötiger Nebengeschäfte hatte er heimlich in der Turmstube ein Pulvermagazin eingerichtet. Es waren insbesondere drei Geschlechter, die sich in das dreifach zu besetzende Amt des Stadttrompeters teilten: Die Götschi aus Stein am Rhein versahen den Dienst mit über 140 Jahren am längsten, die Paruel, ebenfalls aus dem Rheinstädtchen und später Steiner geheissen, sorgten bei grösster Musikalität für die meisten Misstöne, und die Albertin, vertriebene Locarneser, fanden im ausgehenden 18. Jahrhundert den Anschluss an das aufblühende Zürcher Konzertleben.

Am meisten Freude und Sorgen hatte der löbliche Rat mit den stets zu allerhand Schabernack aufgelegten Paruelen. Eines Morgens bliesen sie zum Frühgottesdienst eine lüpfige Tanzmelodie, ein andermal versahen sie einen Lobwasserschen Psalm mit französischen Trillern. 1665 musste Konrad Paruel «wegen bösem Bein» eine Weile pausieren, er war auf Liebespfaden nachts vom zweiten Stock eines Wirtshauses in die Gasse hinuntergestürzt. 1656 heiratete sein Bruder in zweiter Ehe die Stubenwartin vom Rüden, Rägula Nüscheler, die ihm zu den neun Kindern, die er schon in die Welt gesetzt hatte, acht weitere gebar. Sieben waren Söhne, und alle wollten Stadttrompeter werden. Doch Rudolf, einer der sieben, war im Amt so unzuverlässig, dass man ihm eben den Laufpass geben wollte, als er unter grösster Lebensgefahr vier Kinder aus der Limmat rettete. So gab man ihm noch eine Chance. Aber drei Jahre darauf sass er im Ötenbach-Gefängnis; er hatte falsche Gutscheine ausgegeben und seine Trompete versetzt.

Der «schöne Rudolf» schliesslich zeichnete sich musikalisch und moralisch durch mangelndes Taktgefühl aus. In seinem Sündenregister standen Ehebruch, Körperverletzung und wüste Schlägereien auf der Turmstube. Sein Vater hatte ihn einst in den höchsten Tönen empfohlen; als er aber mit dem «leichtgefiederten Flatterhühnchen Susanne Esslinger» zu poussieren begann, blies er auch als Stadttrompeter aus dem letzten Loch. 1698 wurde er durch den ersten Vertreter der Familie Albertin ersetzt.

Nun ging es mit der etwas heruntergekommenen Trompeterei wieder bergauf, aber, verwöhnt vom Belcanto durchreisender Italiener, verlor sich der Geschmack der Zürcher an der ewigen Stundenmusik mehr und mehr. Um 1780 wurde die nächtliche Ruhestörung aufgegeben und die Feuerwache einem stilleren, aber um so aufmerksameren Individuum übertragen.

Der letzte Feuerwächter war jahrzehntelang Hermann Esslinger, ein Kinderfreund und Gemütsathlet, der erst 1913 als Siebzigjähriger den Dienst quittierte. In seiner hochgelegenen Turmstube hatte es sich der bärtige, grossgewachsene Mann gemütlich eingerichtet. Ein Kanarienvogel, eine Krähe, die er sprechen lehren wollte, und ein Eichhörnchen in einer Trülle leisteten ihm Gesellschaft. In der Ecke lehnte die grosse rote Laterne, die er bei Feuerausbruch in jener Richtung in das Fenster stellen musste, in der er die ersten Flammenzeichen wahrnahm. Bei grösseren Bränden betätigte er das schauerlich heulende Feuerhorn, das mit einem Blasbalg verbunden war. Zu seinen Pflichten gehörte auch das Aufziehen der mächtigen Turmuhr, ein hochwichtiger Akt, da sie als Zürcher Stadtuhr «allein die richtige Zeit anzeigte» und alle andern, selbst diejenige der

Rösslitramführer, sich danach zu richten hatten. Ob ihre Zifferblätter die grössten in Europa seien, wurde schon 1928 heftig diskutiert. Tatsächlich wurde ihr Durchmesser mit 8,67 m auch seither nie übertroffen, was kürzlich das Stadtarchiv einmal mehr hochoffiziell bestätigt hat.

Zensur in Zürich

Das Bestehen einer Zensur ist das untrügliche Merkmal eines unpopulären Regimes. Mit anderen Worten: wo es eine Bücher- und Pressezensur gibt, ist etwas faul im Staate. Das wissen eigentlich alle; nur die Machthaber tun, als wäre dem nicht so. Und noch etwas: in jedem absolutistischen Staat gibt es neben kriecherischen Systemschmeichlern eine Untergrundliteratur, die als Staatsverbrechen verfolgt wird, und einige Dissidente, an die sich die Zensur kaum heranwagt, weil sie richtigerweise fürchtet, sich lächerlich zu machen.

Um diese Eigengesetzlichkeit des Meinungsterrors zu überprüfen, brauchen wir uns gar nicht weit umzusehen, es genügt, wenn wir die Zürcher Geschichte des 18. Jahrhunderts durchblättern. Das damalige Regiment, wenigen «hochwohlgeborenen» Geschlechtern «von Gottes Gnaden» vorbehalten, konnte sich nur mit Mühe gegen die aufstrebende Landbevölkerung an der Macht halten. Vor allem galt es, die ungesunden französischen Ideen von Freiheit und Gleichheit nicht aufkommen zu lassen. Natürlich fehlte es trotz der überall aufkeimenden Opposition nicht an Stimmen, die das herrschende System als das allerbeste bezeichneten. Neun Jahre vor Ausbruch der französischen Revolution erklärte ein Dekan vor der Zürcher Synode, «dass in Zürich die guten Seiten durch fortdauernde Verbesserung so auffallend seien, dass wir uns rühmen können, unter einer vortrefflichen Regierung den möglichst vollkommenen Grad von Glückseligkeit zu geniessen».

Solche Schmeicheleien vernahmen die löblichen Herren unter ihren gepuderten Allongeperücken natürlich besonders gern. Wer anderer Ansicht war, hatte vornehmlich zu schweigen. Dafür sorgte eine fleissige, alles kontrollierende staatliche Zensurierung sämtlicher Druckerzeugnisse. Wie engstirnig die Herren Zensoren waren, mögen folgende Beispiele beweisen: Johann von Müllers «Schweizergeschichte» wurde in einer unbekannten Druckerei gedruckt und mit dem Druckort «Boston» versehen, um dem Zugriff der Zensur auszuweichen. Die Herausgabe von Salomon Gessners «Idyllen» begegnete grossen Schwierigkeiten, in Tübingen wurden sie sogar öffentlich verbrannt. Der erste Redaktor der «Zürcher Zeitung», Johann Kaspar Risbeck, wurde 1783 aus Zürich verwiesen, weil er in seiner Zeitung die Pariser Hofkreise nicht mit dem von diesen erwarteten Respekt behandelt hatte. Sein Nachfolger, Johann Michael Armbruster, wurde ins Gefängnis Ötenbach gesetzt und dann des Landes verwiesen, weil er für Schillers verbotenes Freiheitsdrama «Die Räuber» eine Lanze gebrochen hatte.

Ausgeübt wurde die Zensur durch ein Kollegium, bestehend aus dem Antistes, also dem Kirchenvorsteher, zwei Chorherren und je einem Mitglied des Grossen und Kleinen Rats. Wie sie zu Werke gingen, geht aus folgender Schilderung hervor: Auf den 17. Juli 1753 wurden alle Buchdrucker vor die Zensur geladen, «um sie samt und sonders von hinkönfftiger verschiedener Neuordnungen und Missbräuchen ab- und zu besserer Beobachtung ihrer Pflicht früntlich anzumahnen». Zuerst wurde ihnen die Zensurordnung vorgelesen, auf die jeder sein Handgelübde leisten musste. Vor allem wurden sie ermahnt, «keine passquillantischen oder Ehrabschneidende Bücher» zu drucken; besonders vor dem Anschaffen und Verkaufen aller atheistischer, deistischer und libertinischer Bücher sollten sie sich hüten und jedes Buchwerk beizeiten den Zensoren vorlegen, damit sie von «geschikten Herren» korrigiert würden. Ein besonderes Verbot betraf den Vertrieb von Luther-Bibeln und «schlimmer, ärgerlicher und Sitenverderbter Bücher». Sodann wurde ihnen ein Katalog verbotener Bücher überreicht, in dem sich unter anderem einige ganz erschröckliche Romane befanden: «Les Bijoux indiscrets», «L'Art de Jouir» und «Le Joujou des Demoiselles».

In politischen Dingen waren die Zensoren besonders streng. Der hochgelehrte Johann Jakob Bodmer wagte es nicht, seine politischen Dramen in Zürich drucken zu lassen. Einem Freund schrieb er: «Ich halte es für einen albernen Begriff, dass Bücher gefährlich seien. Der Despotismus allein zieht Vorteile von dem Verbot, zu drucken». Sein Freund Breitinger empfahl dem jungen Pfarrer Johann Caspar Lavater, seine «Schweizerlieder» in Bern drucken zu lassen und der Zensur im Notfall zu versichern, dass das Buch in Zürich nicht verbreitet würde. Doch in den späteren Jahren kümmerte sich der weltberühmte Lavater nicht mehr um die staatlichen Aufpasser. Seinem Freund Salomon Gessner schrieb er, er werde der Zensur sagen, dass er künftig schreibe, was er denke, worauf ein Zensor meinte: «Es ist eine gefährliche Sache, den Censor zu machen gegen den berühmten Lavater, und mit der Gefahr verbunden, nicht mehr für einen Christen gehalten zu werden, wenn man nicht nach seiner Pfeife tanzt.»

Freiheit auf dem Scheiterhaufen

Eine groteske Sache spielte sich 1767 ab. Durch Rousseaus freiheitliche Schriften war es in Genf zwischen der Regierung und den Bürgern zu Zwisten gekommen, die von Züricher Abgesandten geschlichtet werden sollten. Dies führte auch an der Limmat zu gefährlichen Diskussionen. Im Januar 1767 wurde das

«Bauern-Gespräch» bekannt. In einem fingierten Dialog zwischen einem Untervogt und einem Bürger sollte bewiesen werden, dass die Genfer Bürger durchaus das Recht hätten, ihr Regiment nach ihrem Willen einzurichten. Ihnen dieses vorzuenthalten, wäre eine Schande vor Gott und der Ehrbarkeit!

Der junge Christoph Heinrich Müller, Sohn des Stadttrompeters und Student der Theologie, hatte die Schrift verfasst und in einer heimlichen Gesellschaft vorgelesen. Ein anderer Theologe schrieb sie ohne Erlaubnis ab und verbreitete sie unter mehreren Freunden, die wieder Kopien herstellten. Als die Schrift zur Kenntnis der Obrigkeit kam, war Müller bereits ins Ausland entkommen. Die Regierung liess auf allen Kanzeln das Volk vor der aufrührerischen und pflichtvergessenen Schrift warnen. Jedermann war gehalten, deren Urheber, wo er auch betroffen werde, sofort anzuhalten und anzuzeigen. Die vorhandenen Exemplare der «auf den Untergang des Staates gezielten Schrift» wurden dem Scharfrichter übergeben. Müller, der sich schriftlich entschuldigt hatte, wurde aus dem geistlichen Stande ausgeschlossen, aus der Eidgenossenschaft verbannt und im «Betretungsfalle» zu einer harten Gefängnisstrafe im Wellenberg verurteilt. Auch die beteiligten Studenten erlitten je nach dem Grad ihrer Mitschuld empfindliche Strafen. Bei Verlust ihres Bürgerrechts wurde ihnen zudem verboten, künftig etwas gegen den Staat zu reden, und jeder hatte dem Henker ein

Klafter Holz zu liefern. Darauf wurde die so niederträchtige Schrift auf dem Münsterhofe öffentlich verbrannt. Johann Heinrich Pestalozzi, der spätere Erzieher, wurde als verdächtiger Mitwisser für ein paar Tage auf das Rathaus in Arrest gesetzt, sein Freund, der später weltberühmte Maler Johann Heinrich Füssli, floh nach England. Eines seiner bedeutendsten Werke, «Der Freiheitsschwur der drei Eidgenossen», hängt heute im Treppenhaus des Rathauses.

Der entflohene Staatsverbrecher Müller avancierte in Berlin zum Professor der Philosophie und Geschichte. Dort veröffentlichte er die Erstausgabe der Nibelungen, des Tristan, des Parzival und des Armen Heinrich, die in Zürich alsogleich auf die Liste verbotener Bücher gesetzt wurden. Nach Aufhebung des Urteils kehrte der berühmte Gelehrte 1788 «aus Gesundheitsrücksichten» wieder in seine Vaterstadt zurück, wo er sich bis zu seinem Tode im Jahre 1807 allerlei Einschränkungen bieten lassen musste. Denn wer solche Jugendsünden auf dem Kerbholz hatte, war alleweil ein zwielichtiges Subjekt.

Die Wissenschaft von der schönen Seele

Was heute der Passbildautomat am Bahnhof erledigt – 4 Positionen in 4 Minuten – besorgte einst der Miniaturmaler: Einmal im vergänglichen Leben einen lieben Menschen im Bilde festzuhalten! Auf Karton, einem Porzellan-Medaillon oder Kupferplättchen. Aber wer konnte sich das leisten? Einen billigen Ersatz brachte die Silhouette, jenes bekannte Profilporträt aus schwarzem Papier oder chinesischer Tusche, das man mit etwas Geschick selber zusammenbasteln konnte. Hergestellt wurde es mittels Kerzenlicht auf einem an die Wand gezweckten weissen Papierbogen und dann mit dem Pantographen, auch Storchenschnabel genannt, nach Belieben verkleinert. Bald wurde auch ein spezieller Silhouettenstuhl entwickelt, der das ganze Prozedere vereinfachte und genauere Bilder lieferte.

Erfinder des Schattenrisses war der französische Finanzminister Marquis Etienne de Silhouette (1709 – 1767). Er hatte kein leichtes Amt. Seine Aufgabe war es, das von Louis XV mit seiner Mätressenwirtschaft verschleuderte Staatsvermögen wieder zu sanieren. Er war von Haus aus ein sehr sparsamer Mann, der selber solche Schattenprofile herstellte und sie den Bürgern als wohlfeilen Ersatz für die kostspieligen Kunstkonterfeis empfahl. Vom königlichen Kanzler propagiert, galten die Silhouette'schen Schattenbilder bald als standesgemäss und «à la mode». Aber auch an Protesten fehlte es nicht, vor allem von den Pariser Miniaturen, die den Marquis als Banausen, Halsabschneider und Schwarzmaler pamphletierten. Um wie viel lauter schrien sie erst, als statt der Schattenbilder auch die Lichtbilder des Monsieur Daguerre auf den Markt kamen! Daneben gab es den Silhouettenschneider als Strassenkünstler. Für 2 Sous schnitt er den Passanten mit flinker Schere und schwarzem Papier ihr Porträt gewissermassen aus dem Gesicht.

In der Schweiz war es der berühmte Prediger und Dichter Johann Caspar Lavater (1741 – 1801), Pfarrer am St. Peter, der die Silhouette propagierte, aber nicht aus Kunstliebe, sondern «zur Förderung der Menschenkenntnis und Menschenliebe». In jungen Jahren hatte er mit seinem wissenschaftlichen Werk «Physiognomische Fragmente» begonnen, das zu einem Wälzer in vier dicken Foliobänden anwuchs. Ihm ging es um die Symmetrie von Aussen und Innen, von Körper und Geist. Charakterbildung als Face-lifting! Sein Ziel war es, durch Veredlung der Seelen wieder Menschen «nach Gottes Ebenbild» zu schaffen, erreichbar durch vertieftes Bibelstudium und regelmässigen Kirchgang. Liess sich der Fortschritt messen? Lavater empfahl die

Silhouette des Fritz von Stein und dessen Schwester
Um 1780 von Goethe geschnitten

Silhouette, möglichst jedes Jahr, zur genaueren Selbstbeobachtung. Schönheit strahlt von innen aus!

Goethe hatte für Lavaters physiognomisches Lehrbuch die ersten Kapitel geschrieben und vermutlich auch einen Teil jener Abschnitte über Pferde-, Hunde- und Katzengesichter. Dazu zeichnete ihm der junge Künstler J. H. Lips über tausend Porträts, vor allem Silhouetten, von berühmten Künstlern, von Lavaters Freunden und von Zürcherinnen und Zürchern aller Schichten, immer begleitet von Lavaters schriftlichen Charakteranalysen. Es gibt kaum eine vergleichbare Stadt, in der in einem bestimmten Zeitabschnitt so viele Einwohner im Bild festgehalten sind. Zum Glück hat Lavater in seinem eigenen Exemplar viele dieser Köpfe handschriftlich mit Namen versehen, so dass wir heute von unzähligen Berühmtheiten des alten Zürich wissen, wie sie aussahen.

Wichtig für Lavaters Beobachtungen war die Form und Stellung der Nase, wobei gerade er selber ein spitzes, schnabelförmiges Exemplar besass, was Goethe veranlasste, ihn später im «Faust» als Kranich zu karikieren. Für Lavater war die Nase ein untrüglicher Zeiger für künstlerische Begabung. Aber auch der Mund, das Kinn und die Stirn signalisierten bestimmte Charakterzüge, wobei natürlich Auge und Ohr als Seelenfenster ganze Kapitel in Anspruch nahmen.

Lavaters «Physiognomie» wurde ein Riesenerfolg. Selbst Fürsten versuchten, anhand dieser Lehre ihre

Silhouettenstuhl
Aus einer holländischen Ausgabe von Lavaters Physiognomie, um 1810

Untertanen besser zu durchschauen. Bis Petersburg wurde das Werk verkauft, und Leute, die eine Privatanalyse wollten, belagerten gelegentlich das Pfarrhaus an der Peterhofstatt. Nach Lavaters Tod wurden seine Fragmente hemmungslos nachgedruckt, geplündert und verwässert. In Frankreich erschienen «Le Lavater portativ» und «Le Lavater des Dames». Balzac kaufte sich 1822 die zehnbändige französische Gesamtausgabe und rühmte: «Die Physiognomik dieses Zürchers begründet eine wahre Wissenschaft, die endlich einen Platz unter den menschlichen Kenntnissen eingenommen hat». Das 1805 erschienene deutsche Macklot-Lexikon bezeichnete das Werk als «Stein der Weisen der Menschenbeurteilung».

Und heute? Die moderne Psychologie hat ganz andere Mittel und Wege, die «Kontinente der Seele», wie Max Frisch sagte, zu erforschen. Aber im Alltag hat sich doch einiges von Lavaters Seelentypisierung erhalten. Vor allem im Negativen. Sprechen wir nicht gelegentlich von einem Galgenvogel, einem Fuchsgesicht und einer Henkersvisage? Nur Vor-Urteile? Wir glauben doch, dass sich Intelligenz, Güte, Kreativität und Zuverlässigkeit auch im Gesicht ausdrücken. Anderseits erwies sich Cesare Lambrosos einst sensationelles, 1876 erschienenes Werk über die Physiognomie des Verbrechertypus, «L'uomo delinquente», als ein gewaltiger und gefährlicher Flop. Lavaters härtester Kritiker war der Göttinger Professor Georg Christoph Lichtenberg:

Nach Lavaters Physiognomik müsste man vorbeugend schon Kinder an den Galgen bringen, schrieb er. Lavater wurde gerade durch seine «Physiognomischen Fragmente» ein weltberühmter Mann. Als er nach Bremen kam, wurde er von einer jubelnden Menge empfangen, und es wurde gleich ein Schiff nach ihm getauft. Aber die «J. C. Lavater» sank schon nach zwei Jahren. «Ähnlich schnell haben wir den genialen Mann vergessen», schrieb kürzlich ein Biograph, und Goethe sagte 1829 zu seinem Eckermann: «Er war ein herzensguter Mensch, aber gewaltigen Täuschungen unterworfen.»

Zürcherin im Kirchenkleid
David Herrliberger, 1749

Das schöne Geschlecht: «Gelogen vom Anatomen!»

Im Frühling 1837 erschien in der Hoffmannschen Buchhandlung an der Kämbelgasse ein kleines Bändchen, das einigen Staub aufwirbelte: «Zürich im Jahre 1837. Nach den natürlichen und geselligen Verhältnissen geschildert.» Der anonyme Verfasser zeigte grosse Vertrautheit mit der Materie, war offensichtlich ein Deutscher und vorsichtig genug, seinen Namen nicht preiszugeben. Hätte er es getan, hätte er seine hohe Stellung gewiss bald verloren. Mit grosser Hingabe und Sachkenntnis beschrieb er die Schönheit der Stadt und ihrer Umgebung. Die Wörter «lieblich» und «reizvoll» kommen mehrmals vor. Zwar vermisste er die «alt-reichstädtische Bauart», lobte aber die Kirchtürme und die Zunfthäuser, in denen er offenbar Stammgast war. Auch über den gutmütigen Charakter und den Fleiss der Zürcher wusste er nur Positives zu berichten. Desgleichen über das Schulwesen, insbesondere über die 1833 gegründete Universität. Doch dann schlug er in einer Weise zu, die nicht von der Art des feinen Mannes war:

«Wenn wir von Lage und Umgebungen Zürichs nur Rühmliches berichtet haben, so wünschten wir ein

Gleiches in betreff seiner Bewohner tun zu können. Wie denn aber alles Menschliche unvollkommen ist, so werden hier auch manche Schattenseiten berührt werden müssen. Doch soll unser Streben nach Gerechtigkeit um so eifriger sein, als wir in vollem Masse erkennen, wie leicht man bei Beurteilung eines Volkscharakters einseitig wird und wie man sich nur zu gerne verleiten lässt, einzelne Erscheinungen zu allgemeinen Gesetzen zu erheben.

Mit dem Äussern beginnend müssen wir gleich mit Bedauern aussprechen, dass sich die Zürcher, insbesondere das schöne Geschlecht, seltene Ausnahmen abgerechnet, nicht durch Schönheit auszeichnen. Ein kenntnisreicher Anatom hat mir versichert, dass ihm fast noch kein Zürcher Schädel von reiner Bildung vorgekommen. Vor allem sei ein Vorragen des Unterkopfes, welches eben jede edlere Form unmöglich mache, sehr gewöhnlich. Nur die Augen der Frauen werden von Kennern des Schönen gepriesen; sie zeichnen sich durch Lebhaftigkeit aus und erinnern an Italiens Nähe.

Als Ursache der vorherrschenden Hässlichkeit wird öfter das Klima, der grosse Wasserreichtum der Umgebungen, die dichten Herbstnebel angeführt. Allein ungesund ist das Klima von Zürich doch nicht, Krankheiten sind im Verhältnis nicht häufig. Eher möchten wir daher die Ursache bei den niederen Volksklassen in der sitzenden Lebensweise finden, die durch die blühende Industrie vorherrschend geworden; für die höheren

Die eiserne Zeit
Holzschnitt, um 1850

Stände aber in den häufigen Heiraten zwischen nahen Verwandten. Dass dieses letztere allmählich das Geschlecht verhässlicht, ist von den Naturforschern anerkannt; dass es aber in Zürich besonders früher sehr verbreitet war, kann man schliessen aus der ungeheuren Ausdehnung gewisser Familien und der Häufigkeit mancher Geschlechtsnamen. Denn so mögen zum Beispiel des Namens Schulthess wohl hundert, des Namens Escher wohl zweihundert und mehr in der Stadt existieren.»

Vor allem dieser Vorwurf der Inzucht brachte die vornehmen Familien in Rage, wobei anzunehmen war, dass der unbekannte, hochgebildete und federgewandte Verfasser gerade in ihren Kreisen und Zirkeln freundschaftlich verkehrte. Tatsächlich war der Autor kein anderer als der deutsche Professor Ludwig Freiherr von Löw, hochverehrter Rektor an der hiesigen Universität, der aber seine Anonymität bis zu seinem Weggang aus Zürich im Herbst 1839 wahren konnte.

Auch die Herren hatten in Löws Kritik ihren Teil abbekommen. An ihren unzähligen Versammlungen, Festen und Sitzungen würden stets lange und langweilige Reden gehalten, heisst es in seiner Schrift. Keine Spur von frischem Witz und spritzigem Geist. Die Kommunikation wirke trocken und leer, da die Zürcher ohnehin wenig gemütlich und phantasielos seien im Gegensatz zu den Deutschen. Deshalb höre man nie von Fällen unglücklicher Liebe, wobei diese offenbar psychologischen Zusammenhänge nie ganz deutlich wurden. Zu den unangenehmen Sitten zähle im übrigen auch, dass die Damen den Gruss von ihnen bekannten Herren auf der Strasse gänzlich unerwidert liessen.

Kurz, der Autor, ein deutscher Adeliger, war offensichtlich frustriert, und es wäre interessant zu wissen, wie er sich in den Diskussionen besserer Kreise um die rätselhafte Autorenschaft dieser Schmutzschrift selber verhielt. Vor allem der Rezensent der «Neuen Zürcher Zeitung» empörte sich über die Besudelung der Zürcher Damenwelt nach dem billigen Neandertal-Schema: «Grob vom Autor, gelogen vom Anatomen!» Das Buch wurde alsbald totgeschwiegen und – im Gegensatz zu heutigen Skandalgeschichten – fast nicht mehr verkauft. Der Buchhändler Hoffmann verlor die treuesten Kunden, musste sein Geschäft 1838 aufgeben und wurde noch lange scheel angesehen, weil er den Namen des niederträchtigen Verfassers nicht preisgab.

Eine ähnliche, weniger beleidigende und sicher objektivere Würdigung der Zürcherischen Frauenzimmer hatte schon fünfzig Jahre vor Löw der sächsische Theologe, Jurist und Schuldirektor Christian Gottlieb Schmidt ins «Journal seiner Schweizerreise» eingeflochten, was aber keinen Wirbel machte, da sein Reisebericht Manuskript blieb, vorerst verloren ging und erst 1985 «als eine kulturhistorische Quelle ersten Ranges» in kleiner Auflage in Bern erschien.

Schmidt war schon weit herumgereist, kreuz und quer durch die Schweiz, als er im Herbst 1786 zum zweitenmal nach Zürich kam, hier vor allem bei Theologen und in gelehrter Männergesellschaft verkehrte und schliesslich sein prüfendes Auge auch auf die holde Weiblichkeit warf:

«Über das weibliche Geschlecht in Zürich habe ich bisher bloss deswegen noch nichts sagen können, weil ich es noch nicht genug kannte, um ein allgemeines Urteil über es fällen zu können. Und wer wollte sich wohl überhaupt anmassen, diese tausendfarbigen Geschöpfe so bald durchschauen zu können! So scheint mir nach den wenigen Beobachtungen gewiss, dass sie den übrigen Evastöchtern ziemlich gleich sind. Putzsucht und eine bestimmte Dosis Koketterie ist überall in ihrem Wesen verwebt, und das grosse Geschrei, das man überall über die Simplizität der hiesigen Sitten macht, hält nicht ganz Stich. Wenn man die Damen, welche man am Sonntag in der bescheidenen schwarzen Kirchentracht und in einer tiefen Haube gesehen hat, hernach im Konzert mit dem affektiertesten französischen Putz brillieren sieht, so kann man fast nicht glauben, dass es eben dieselben Personen sind; sie scheinen aus demütigen Nonnen in hoffärtige Theaterprinzessinnen umgeschaffen zu sein. (Doch muss ich noch dazu setzen, dass man fast durchgängig den verführerischen Busen züchtiglich verhüllt.) Die Kirchentracht ist den meisten ein unerträgliches Joch, das die alten eigensinnigen Ratsherren den jungen Damen nicht abnehmen wollen, was verursacht, dass viele sehr wenig, manche gar nicht zur Kirche gehen. Aber ich glaube doch, dass hier mehr Moralität als in andern Städten von gleicher Volksmenge und Wohlhabenheit zu finden sei, vor allem nicht das allzu freie Betragen, das beispielsweise das Leipziger Frauenzimmer so auszeichnet. Schöne Gesichter habe ich viele hier gesehen, aber selten einen schlanken Wuchs; die meisten sind untersetzt und strotzen vor Gesundheit, überdies sollen auch die wenigsten Schnürbrüste (Corsets) tragen, da solche Modesachen hier verboten sind. In ihrem Betragen habe ich eine gewisse Naivität und liebenswürdige Unbefangenheit gefunden, die sonst immer der Charakter der Unschuld ist.»

Sicher wären diese freimütigen Betrachtungen weiblicher Reize damals auf den Index sittenverderbender Bücher gesetzt worden. Dass zudem gerade die tugendsamsten Ratsherren schuld am schlechten Besuch der Kirche sein sollten, konnte nur eine üble Verleumdung sein: Strafe jedem, der solches auch nur zu denken wagte.

Der Hinkende Bote und die Eisenbahn
Holzschnitt, um 1850

Vom Hinkenden Boten zum Frankozettelchen

Der Begriff «Post» mit seinen weltweiten Varianten geht auf die «positiones» der Römer zurück, auf deren Heerstrassen an festgelegten Stationen oder Posten die Pferde gewechselt wurden. Nur durch ein sehr gut organisiertes Verkehrsnetz konnte das riesige, vom Kaiser in Rom aus regierte Reich zusammengehalten werden. Das machte sich auch Karl der Grosse zunutze, als er die verlotterten römischen Strassen wieder instand stellte. Bis aber auch der kleine Handwerker und Händler seine Waren und Mitteilungen sicher spedieren lassen konnte, dauerte es noch Jahrhunderte. Die Regierungen bedienten sich für ihre Zwecke eigener Meldereiter und Standesläufer, die entsprechend gekennzeichnet waren. Auch grössere Handelsunternehmen verfügten über eigene Boten. Für kürzere Distanzen waren das zumeist Kriegsversehrte, die keine andere Arbeit mehr fanden. So entstand der Begriff «Hinkender Bote», der dann auf kleine Lokalblätter und vor allem auf Kalender übertragen wurde.

1630 erhielt der Zürcher Seidenindustrielle Caspar Hess an der Münstergasse, der seit 1585 mit seiner Lyoner Filiale einen Fussboten unterhielt, das Recht, gegen

Entgelt Postsachen mitzunehmen. Sein Sohn Hans Kaspar Hess baute mit staatlicher Bewilligung ein ganzes Botennetz auf und schloss mit andern lokalen Postdiensten entsprechende Verträge. Ab 1662 durften seine Läufer und Reiter die Standesfarben tragen, was ihnen einen gewissen Schutz vor Wegelagererern und Räuberbanden gab. Die Regierung genoss dafür Portofreiheit.

Die 1798 einmarschierenden Franzosen lösten diese Privatdienste auf und gründeten eine Zentralpost. Dies entsprach ihrem zentralistischen Staatsgedanken, aber auch militärischen Überlegungen. Als Machthaber hatten sie jetzt die Möglichkeit, verdächtige Briefe zu öffnen, ihre Absender nach Belieben festzunehmen und ganze Postsendungen verschwinden zu lassen. Zudem fehlte es an genügend Pferden, da die meisten schon vom Militär requiriert worden waren. Die «Zürcher Freitagszeitung», die diese Missstände anprangerte, wurde vom Transport ausgeschlossen, «Patriotische Journale» genossen Taxermässigung.

Durch Napoleons Gnaden wurde das Postwesen 1803 zur Kantonssache erklärt. 1838 eröffnete Zürich an der Poststrasse das im «elegantesten Style» erbaute Postgebäude «Zum Posthof», später «Zum Zentralhof» genannt, von dem gerühmt wurde, an Grösse, Lage und Vollendung gebe es nichts Vergleichbares in der Schweiz. Nun erlebte auch der Briefverkehr einen grossen Aufschwung, wobei aber nicht der Absender, sondern der Empfänger das Porto berappte, aus der berechtigten Überlegung, dass für eine Postsache nur dann zu bezahlen sei, wenn sie auch wirklich ankomme. Unruhige Zeiten entwickeln eigene Gesetze! Der Briefträger wurde nun zugleich Kassier, was seine Zeit erheblich in Anspruch nahm. Was tun, wenn er den Adressaten nicht antraf? Oder wenn dieser nicht zahlen wollte, weil er keinen Brief erwartete?

Zur Vereinfachung und Rationalisierung des Postwesens gab England im Mai 1840 die ersten Briefmarken heraus: die schwarze «One Penny» und die blaue «Twopence», beide geschmückt mit dem Porträt der jugendlichen Königin Victoria. Was war das Ziel dieser Neuerung? Man konnte seine frankierte Postsache einfach dem nächsten, vorüberlaufenden Postboten in die Hand drücken und musste sich nicht jedesmal auf das Postamt bequemen. Die Briefmarken wurden nämlich bogenweise verkauft und das einzelne Wertzeichen mit der Schere herausgeschnitten. Den Leuten wurde zudem empfohlen, an ihren Haustüren einen Sack oder ein passendes Kistchen anzubringen, damit die Briefe auch zugestellt werden konnten, wenn der Adressat nicht zu Hause war.

Diese Überlegungen schlugen auch beim Zürcher Postdirektor ein. Am 1. März 1843 brachte der Kanton Zürich Briefmarken heraus, ursprünglich «Frankozettelchen» und «Stempeloblaten» genannt: die «Züri-Vier» und die «Züri-Sechs», die erste Markenausgabe

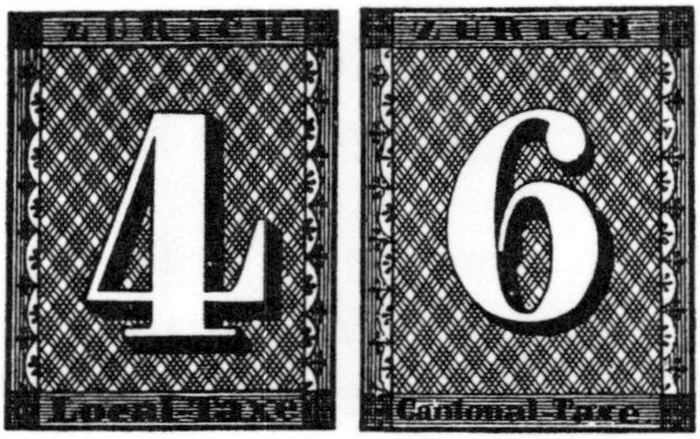

Zürichs erste Briefmarken von 1843

auf dem Kontinent und die zweite der Welt. Das Porto von 4 Rp. galt für einen Brief bis ein Loth (15,62 g) im Ortskreis, im Kantonsgebiet waren 6 Rp. erforderlich. Die Zeichnung der beiden Marken wird von der PTT dem Zürcher Lithographen Martin Esslinger zugeschrieben, die Herstellung im Steindruck erfolgte bei Orell Füssli und Comp.

Der Kupferstecher und Lithograph Esslinger muss ein hervorragender Künstler gewesen sein. Während der spätere Dichter Gottfried Keller sich in Glattfelden autodidaktisch zum Maler ausbilden wollte, suchte ihm die Mutter einen Lehrmeister. Im August 1834 schrieb sie dem Sohn, der Kupferstecher Martin Esslinger, der einst mit ihr in Glattfelden zur Schule gegangen war, sei der beste seines Faches, aber leider ein «Lump». Dicke Post! Auf Anklage des preussischen Staates sass besagter Esslinger nämlich eben im Ötenbach-Gefängnis. Im folgenden Jahr wurde er wegen fahrlässiger Mithilfe bei einer Fälschung zu drei Monaten Haft verurteilt. Ein gewisser Wendling hatte bei ihm eine Druckplatte bestellt, die er wohl ohne langes Bedenken kunstgerecht nachstach: nach der Vorlage eines preussischen Staatspapiers. Dem Strafmass nach muss das Ganze also kein Staatsverbrechen gewesen sein, und der «Lump» war bald wieder rehabilitiert, was der Briefmarken-Auftrag angeblich bestätigte. Doch da gibt es berechtigte Zweifel. Nach zeitgenössischen Autoren starb Martin Esslinger schon im Februar 1841. Mit anderen Worten:

Der Posthof an der Poststrasse
Nach einer Lithogrphie, um 1840

Er kann es nicht gewesen sein, und einen Sohn hatte er auch nicht. Nachgewiesen sind in Zürich um 1850 ein Buchhändler und Drucker Johann Esslinger und zwei Zeichner David Anton und Felix Esslinger. Welcher von ihnen die Lithographien gezeichnet haben könnte, lässt sich nicht mehr nachweisen.

Der Erfolg dieser Zürcher Briefmarken – heute unbezahlbare Stücke – war nicht sehr gross. Viele Leute begegneten der «neuen Mode» mit Ablehnung. In besseren Kreisen galt es als unschicklich und für den Adressaten beleidigend, bereits frankierte Briefe zu erhalten: Als wäre man nicht in der Lage, das Porto selber zu bezahlen. Erst die Einführung des Strafportos änderte das. Nicht oder ungenügend frankierte Briefe galten als Beleidigung und Ausnützung des Empfängers. Eine diesbezügliche Episode finden wir in Gottfried Kellers Briefen. Am 26. Februar 1879 schloss er einen Brief an seinen Dichterfreund Theodor Storm in Husum mit folgendem humorvollen Tadel:

«Da wir gerade an Geldsachen sind, so will ich gleich noch einen wichtigen Punkt zur Sprache bringen. Sie haben nämlich schon einige Male Ihre Briefe mit 10-Pfennig-Marken frankiert, während es nach ausserhalb des Reiches 20 sein müssen. Nun habe ich eine Schwester und säuerliche alte Jungfer bei mir, die jedesmal, wenn sie das Strafporto von 40 Pfennigen in das Körbchen legt, das sie dem Briefträger an einer Schnur vom Fenster des 3. Stockes hinunterlässt, das

Zetergeschrei erhebt: Da hat wieder einer nicht genug frankiert! Dann wälzt sich der Spektakel in mein Zimmer: Wer ist denn da wieder? [...] Den nächsten Brief dieser Art, schreit die Schwester fort, wird man sicherlich nicht mehr annehmen! – Du wirst nicht des Teufels sein! schrei' ich entgegen. Dann sucht sie die Brille, um Adresse und Poststempel zu studieren, verfällt aber, da sie meine offenstehende warme Ofenröhre bemerkt, darauf, die Erbssuppe von gestern zu holen und in die Wärme zu stellen, so dass ich den schönsten Küchengeruch in mein Studierzimmer bekäme, was sonderlich für den Fall eines Besuches angenehm ist. Raus mit der Suppe! heisst's jetzt, und stell sie in deinen Ofen! – Dort steht schon ein Topf, mehr hat nicht Platz, weil der Boden abschüssig ist! Neuer Wortkampf über die Renovation des Bodens, endlich aber segelt die Suppe ab, und die Portofrage ist darüber für einmal wieder vergessen; denn mit der Suppe hat Angriff und Verteidigung, Sieg und Niederlage gewechselt. Haben Sie also die Güte, der Quelle dieser Kriegsläufte nachzugehen und sie zu verstopfen.»

Das schreckliche Automobilunglück

Der 17. Juli 1910 war ein glühend heisser Sonntag. Er begann schon am Abend vorher. In der Zürcher Stadthalle vertagte die Arbeiterschaft den Beschluss über den Bierboykott. In Hottingen und Dietikon musste die Feuerwehr ausrücken. Beim Utoquai ertrank ein Knecht beim Pferdeschwemmen. In der Nacht wachte nicht nur das Auge des Gesetzes; in Ermangelung einer Polizeistunde hatten auch die Serviertöchter alle Hände voll zu tun.

Mit besonderer Inbrunst wurden am Sonntag zu Stadt und Land die Fahnen, die Gläser und die Pokale geschwungen. Das Nordostschweizerische Schwingfest in St. Moritz konnte bei strahlendem Wetter und ohne Unfall durchgeführt werden. Die bekränzten Zürcher Hug und Zeller wurden am Bahnhof mit einem Ehrentrunk empfangen. Am Automobilzuverlässigkeitsfahren in Walzenhausen dominierten die französischen Wagen. Im Schnelligkeitswettbewerb über einen Kilometer wurde der Sieger mit 108 Stundenkilometern gemessen. Im Verfolgungsrennen zwischen sieben Automobilisten und dem Ballon «Mars», der bei Lausanne aufgestiegen war, blieben die Aeronauten Sieger. Der

Ballon landete bei Freiburg auf einem Baum. Am internationalen Flugtag im englischen Bournemouth raste ein Genfer gegen einen Erdhaufen. Der schwerverletzte Pilot konnte bis zum Abgang der Depesche noch nicht einvernommen werden.

Auch im Zürichbiet ereignete sich einiges, was am Montag die Rubrik «Unglücksfälle und Verbrechen» füllte. Am Zürcher Bahnhof versuchte ein bisher noch nicht identifiziertes Individuum, Bauernmägde aus der Ostschweiz für Gelegenheitsarbeiten nach St. Louis zu locken. Am frühen Nachmittag wagte sich ein des Schwimmens unkundiger Italiener beim Wehr der Papierfabrik zu weit in die Sihl, wo er vor den Augen seiner Kollegen in den Fluten versank. Bei Aatal stiess ein Automobil an ein eisernes Geländer, und die drei Insassen wurden in den dortigen Weiher geschleudert. Vier Pferde mussten requiriert werden, um das stark in Mitleidenschaft gezogene Fahrzeug wieder auf die Strasse zu bringen.

Alle diese Berichte vom ereignisreichen Wochenende wurden von einer Schreckensnachricht in den Schatten gestellt: Erstmals hatte auch im Kanton Zürich das Automobil seinen Blutzoll gefordert.

«Auf der Seestrasse zwischen Goldbach und Küsnacht», meldete die Zürichsee-Zeitung, «ereignete sich gestern Sonntag vormittags ca. 1/2 11 Uhr ein schwerer Automobilunfall. Herr Weinhändler P. Wiederkehr aus Zürich unternahm mit seinem Schwager Herrn Eissler eine Sonntagsausfahrt in seinem zweiplätzigen, leichten Auto französischer Marke. In der Nähe von Küsnacht war das Auto eben im Begriffe, einer im Schritt fahrenden Droschke des Hrn. Fuhrhalter Blum vorzufahren, als von der entgegengesetzten Seite in der gleichen Absicht ein Trupp von vier Radfahrern hinter der Droschke hervor in die leere Strassenseite einbog...»

Der geneigte Leser spürt an dieser Stelle das Unvermeidliche förmlich auf sich zukommen. Einmal musste es ja geschehen, und hier traf nun alles, was damals den Verkehr ausmachte, in ein und derselben Sekunde mit rasendem Tempo aufeinander. Aber hat der Leser die Situation auch richtig vor Augen? Wie geschah es denn eigentlich? Sicher hatten die Radfahrer nicht die angegebene Absicht, die Kutsche zu überholen, sondern an ihr in Gegenrichtung vorbeizufahren. Das erklärt jedoch nicht, wieso sie «hinter der Droschke hervor in die leere Strassenseite einbogen». Fuhren die vier sonntäglichen Velocipedisten vielleicht fröhlich und unbekümmert nebeneinander, so dass sie die ganze Strassenbreite ausfüllten und sich erst beim plötzlichen Auftauchen der entgegenkommenden Droschke auf der rechten Seite zusammendrängten? Erkundigen wir uns bei anderen Zeitungsmeldungen, die sich auf Augenzeugen beriefen:

Die Zürcher-Post präzisierte, dass die Droschke zweispännig fuhr, von einer Tauffahrt nach Goldbach zurückkehrte und sich nun im Schritt zwischen der Wirtschaft zur «Brückenwaage» und der Liegenschaft von Gemeindepräsident Brupbacher auf dem geraden, übersichtlichen Strassenstück dem Dorfe Küsnacht entgegen bewegte. «Die Radfahrer wichen dem Pferdegespann vorschriftsmässig nach rechts aus.» Die Neue Zürcher Zeitung betonte, dass die Radler in scharfem Tempo hintereinander fuhren, der Tages-Anzeiger berichtete, dass sich die Katastrophe vor der «Waagbrugg» ereignete. Zwei Tage nach dem Unfall gab einer der Radfahrer zu Protokoll, er hätte das Automobil schon aus einer Distanz von 300 Metern an der bei trockenem Wetter typischen Staubwolke erkannt. Es wäre auf der falschen Seite gefahren, und er hätte seinen Kollegen deswegen angerufen. «Die Schnelligkeit des Autos mag eine zu grosse gewesen sein, jedenfalls war sie nicht unter dem zulässigen Mass», das damals an Sonntagen 25 km, in der Nähe von Häusern nur 18 km pro Stunde betrug. Lassen sich die aufkeimenden Unstimmigkeiten aus dem Unfallhergang klären?

«Die beiden Radfahrer, die weit genug rechts der Strasse waren, konnten unbeschädigt vorbeikommen.

Ein dritter Fahrer, der im letzten Moment hinter der Droschke hervor erschien, fuhr direkt in die Fahrbahn des Autos hinein und wurde zu Boden geschleudert. Der Vierte geriet ebenfalls unter den Wagen, kam aber mit einigen Verletzungen davon», meldete die Zürichsee-Zeitung.

Die Zürcher-Post sah es anders: «Die Radfahrer suchten die Droschke zu überholen, und sie fuhren reglementsgemäss links vor», was nach dem heutigen verkehrstechnisch vereinheitlichten Sprachgebrauch wohl heissen sollte, dass sie an der Droschke vorbei wollten und sich vorschriftsmässig rechts hielten. Doch es gelang ihnen nur zum Teil, der unvermeidlichen Carambolage durch Ausweichen zu entgehen. «Der vorderste Fahrer versuchte, auf das Trottoir abzuspringen, der zweite wurde zu Boden geworfen und erlitt eine kleine Schürfwunde am Knie, der dritte sprang nach links, der Strassenseite zu, stürzte durch den Aufprall auf das Automobil und wurde von diesem überfahren. Der Wagen ging ihm über den Kopf weg und hielt dann an. Der vierte Radfahrer kam heil davon.»

Die Zürichsee-Zeitung beschrieb den Zusammenstoss so: «Obschon das Auto sofort zum Stehen gebracht wurde, war der Aufprall doch so heftig, dass der Radfahrer einen so schweren Schädelbruch in Verbindung mit einer Gehirnerschütterung erlitt. Vom Antriebshebel hat er des weiteren eine schwere Unterleibsverletzung erlitten.»

Die Neue Zürcher Zeitung meldete, dass es dem ersten gelang, auf das Trottoir abzuspringen, der zweite wurde angerannt und erlitt ungefährliche Verletzungen am Knie. Der dritte sprang ebenfalls ab, jedoch nach der Strassenseite. Er kam zu Fall, und das Auto überfuhr ihn, während der letzte Velocipedist wieder heil davonkam. Das Volksrecht schloss sich dieser Schilderung an.

Die Opfer und der Prozess

Wer waren nun die vier unglücklichen Velocipedisten, die sich auf gerader Strasse bei hellichtem Tag ganz plötzlich einem Auto gegenübersahen, das nach heutigen Begriffen doch wohl sehr langsam fuhr? Der Schwerverletzte war ein städtischer Polizeigefreiter, der in allen Berichten als Gustav Moser bezeichnet wurde. Nur der Tages-Anzeiger meldete den Namen des «Gusti» mit August Moser richtig. Der Polizeigefreite, stellvertretender Postenchef der Kreiswache IV, wohnhaft an der Beckenhofstrasse 60 in Zürich, hatte mit seinen drei Polizeikameraden König, Strickler und Schelling einen «Sonntags-Vormittags-Radausflug» nach Meilen und dort wohl auch etwas gegen das glühend heisse Wetter unternommen. Sie befanden sich, als der Unfall passierte, bereits auf dem Heimweg, da man zum Mittagessen wieder zu Hause sein wollte.

«Der schwerverletzte Gefreite Moser wurde auf dem Unglücksplatz von Herrn Dr. med. Fuchs einer ersten Behandlung unterzogen. Seine Wunde erwies sich als hoffnungslos. Sofort wurde er nach dem Kantonsspital überführt, allein wenige Minuten nach seiner Ankunft erlag er seinen Verletzungen. An der Unglücksstätte nahmen Herr Polizeivorstand Huber von Küsnacht und der kantonale Polizeimann Wepfer von Erlenbach die Untersuchung auf, da sowohl der in Küsnacht stationierte Polizeimann als der Meilener Statthalter im Urlaub waren.

Der verunglückte August Moser stand im Alter von 38 Jahren. An seiner Bahre trauern seine Gattin und drei unerzogene Kinder. Die Nachricht von dem plötzlichen Hinschied des pflichtgetreuen Polizeimannes erregte im Polizeikorps aufrichtige Trauer.»

Die Zürichsee-Zeitung ergänzte: «Die Untersuchung hat bisher bezüglich Schuldfrage noch keinerlei Anhaltspunkte ergeben. Die Fahrregeln wurden beidseits beobachtet. Man muss das traurige Unglück vorderhand einem unheilvollen Zufall zuschreiben. Die Zeugenaussagen haben immerhin darüber noch keine unbestrittene Gewissheit ergeben, ob der Automobilführer beim Vorfahren sein Warnsignal rechtzeitig und hinreichend in Funktion gesetzt hat. Wenn das Gegenteil nicht erwiesen wird, darf man diese Frage ruhig bejahen, denn Herr Wiederkehr gilt als besonnener und vorsichtiger Automobilfahrer. Aber auch gegen den Velofahrer lässt sich nicht der mindeste Vorwurf konstruieren. Auf alle Fälle kann (schon mit Rücksicht auf die Tagesstunde, zu der das Unglück sich ereignete) keine Partei verdächtigt werden, sie sei schon unter Einfluss des Alkoholgenusses gestanden, zu welchen Vermutungen man wohl geneigt sein könnte, wenn der Unfall in später Abendstunde sich ereignet hätte. Herr Wiederkehr ist gegen Drittpersonen nicht versichert, so dass ihn eventuell ein Verschulden – das vorläufig allerdings in keiner Weise angenommen werden kann – teuer zu stehen kommen könnte.»

Im Januar 1911 kam die Sache vor das Bezirksgericht Meilen. Prozessakten sind dort nicht mehr vorhanden, «da diese nach einer gewissen Zeit (30 Jahre) vernichtet werden». Einzig im Spruchbuch des Jahres 1911 ist ein Eintrag zu finden, der sich auf den nur leicht verletzten Strickler, nicht aber auf den unglücklichen Moser bezieht: «Aktum, den 12. Januar 1911. Das Gericht hat nach Einsicht der Akten des vom Statthalteramte sistierten Strafprozesses in Sachen des Strickler Theodor, Polizeimann, Bachofnerstrasse 3, Zürich IV, gegen Wiederkehr Paul, Kaufmann, geb. 1880, von Zürich, wohnhaft Spiegelgasse 27, Zürich I, betreffend fahrlässige Körperverletzung beschlossen:

1. Von der Sistierung der Untersuchung wird Vormerk genommen. 2. Die Kosten von Fr. 3.50 werden (auf Antrag des Statthalteramtes) dem Angeschuldigten

auferlegt. 3. Dem Angeschuldigten wird eine Entschädigung nicht zugesprochen.»

Über den Fall Moser ist in den Akten nichts mehr zu finden. Im Bezirksgericht vermutet man, dass er sistiert wurde. Auch die Zürcher Stadtpolizei besitzt über das tragische Ende ihres unvergesslichen Kameraden keinerlei Unterlagen mehr. «Schreiben Sie doch lieber über einen heutigen Verkehrsunfall, es gibt ja so viele...»

«Hallo, hallo, hier Radio Höngg!»

Im Herbst 1922 nahm der Radioclub Zürich über die Flugplatzstation Kloten mit Marconi-Apparaten die ersten Versuchssendungen auf. Auch das Physikalische Institut der Universität Zürich begann einen Spezialsender aufzubauen. Treibende Kraft war der Physiker Prof. Gustav Einhorn, der ein Institut für Radiophonie ins Leben rief. Auf sein Gesuch zur Genehmigung von Radioempfangsvorführungen erhielt er vom verantwortlichen Beamten der PTT eine vernichtende Antwort: «Nehmen Sie von mir die amtliche Erklärung, dass wir das Radio in der Schweiz nicht aufkommen lassen werden. Ihr Institut ist also gänzlich zwecklos.»

Am 16. Februar 1924 fand in Zürich die Gründungsversammlung der Radiogenossenschaft statt, mit kantonaler und städtischer Beteiligung. Ein halbes Jahr darauf wurde auf dem Hönggerberg der Zürcher Sender in Betrieb genommen.

Das provisorische Studio war im 5. Stock des Amtshauses IV untergebracht worden, mit Blick auf den Lindenhof. Bundesrat Dr. Robert Haab, Vorsteher des Eidgenössischen Post- und Eisenbahndepartements, sprach am 23. August 1924 um 12.30 Uhr die Eröffnungsworte: «Die wunderbare Erfindung der drahtlosen Zeichen- und Lautübermittlung hat in kurzer Zeit einen hohen Grad der Vollkommenheit erreicht, und sie hat noch unübersehbare Entwicklungsmöglichkeiten vor sich. Es ist deshalb durchaus begreiflich, dass die Forderung immer mächtiger wurde, es möchten diese neuen Verkehrsmittel nicht den staatlichen Monopolanstalten reserviert bleiben, sondern Gemeingut werden.»

Das epochalste elektrische Wunder

Ein Journalist berichtete am folgenden Tag darüber: «Radio! Wie ein jauchzender Siegesruf von kühn bezwungenem Berggipfel klingt dieses Wort, durch welches das epochalste elektrische Wunder der Neuzeit, die drahtlose Zeichen- und Lautübermittlung auf schon fast unbegrenzte Distanzen, bezeichnet wird. Wie klein ist doch auf einmal die Erde geworden! Über Berge und Ozeane hinweg tragen die elektrischen Wellen mit Blitzesschnelle Wort und Ton und vereinigen die Zeitgenossen, die sich durch einen kleinen Apparat mit dem göttlichen Fluidum in Fühlung setzen, zu einer grossen Zuhörergemeinde. Dieses äussere völkerverbindende Mittel, dessen Verwendungs- und Ausbaumöglichkeiten noch gar nicht abzusehen sind, wird sicher auch die geistigen Bande der Kulturmenschheit enger knüpfen und immer mehr ihr Bewusstsein festigen, dass ihr gemeinsames Interesse im dauernden Völkerfrieden und im Austausch geistiger Güter liegt.

Ein glücklicher Besitzer eines Empfangsapparates der Firma Radio Maxim Aarau, der anerkannt führenden Marke der schweizerischen Radio-Apparateindustrie, hatte die Freundlichkeit, den Schreibenden zur historischen Eröffnungsfeier der Station Höngg einzuladen. Welch eigenartiges Erlebnis! Den Hörer über den Kopf gestülpt, sass man da um halb ein Uhr zu dritt beim schwarzen Kaffee und hörte dann, was im Zürcher Amtshaus gesprochen, gesungen und gespielt wurde, mit einer Deutlichkeit, als ob man sich dort unter den Ehrengästen befände. «Hallo, hallo!» rief der Impresario die Zuhörer in aller Welt freundschaftlich an und gab bekannt, dass nun Herr Bundesrat Haab, der Vorsteher des Eidgenössischen Eisenbahn-, Post- und Telegraphendepartementes, die Eröffnungsrede halten werde. Und Bundesrat Haab erwies sich als ein musterhaftes Radiomedium. Jedes seiner Worte war vollkommen klar vernehmbar, und die helle Stimme behielt die natürliche, leicht «züribieternde» Klangfärbung.

Nach Haab richteten auch Regierungspräsident Maurer und Stadtrat Rütsche einige Worte an die unsichtbaren Zuhörer, denen dann durch ein Orchester, den Humoristen Sedlmayr und den Operettensänger Heinrich Gretler noch einige Nummern zum besten gegeben wurden.»

Erster Sprecher, Programmleiter und Mädchen für alles war der «Nebelspalter»-Redaktor Paul Altheer, der – wenn ihm der Stoff ausgegangen war – auf dem Klavier das Pausenzeichen klimperte. Wenn am Samstagabend alle Zürcher Kirchenglocken geläutet wurden, war das Dröhnen so gewaltig, dass nicht mehr gesendet werden konnte. Dann öffnete Altheer das Studiofenster: «Glocken der Heimat».

In einer guten Stunde hatte der gescheite und immer klar formulierende Mann einmal das Bedürfnis, sich am Schluss der Sendungen mit ein paar lieben Worten von seinen Hörern zu verabschieden: «Guet Nacht mitenand. Schlafed alli rächt wohl.» Am nächsten Tag gingen Dutzende und im Laufe der Woche Hunderte von Zuschriften ein, die ihm zu diesen herzlichen Worten gratulierten.

Und seither? Das etwas zweischneidige Wort Massenmedium war damals noch nicht erfunden. Man hielt auf Niveau und gab sein Bestes. Die Hörer fanden Beromünster, wie es seit 1931 hiess, besser als die ausländische Konkurrenz.

Eigentlich stand der neue Sendeturm der «Schweizerischen Rundfunkgesellschaft» nicht in Beromünster, sondern auf dem Boden der Nachbargemeinde Gunzwil. Doch als der böse Satz «Hallo, hallo, hier Radio Grunzwil!» die Runde machte, nahm man eine kleine

Korrektur vor. War es Übersättigung oder zunehmende Hellhörigkeit, die das Radio bald zur Zielscheibe der Kritik machte? Man sprach von «Fadio», «Radau-Programm», «Rundgeflunker» und «Berobrünzler». Und selbst der «Nebelspalter», der dem neuen Medium doch den ersten Moderator geliefert hatte, frotzelte eines Tages gegen die zunehmende Konkurrenz:

«Mann mit Kopf
dreht den Knopf:
Es geht auch ohni
Marconi!»

Limat fl.